Milan kundera

米兰·昆德拉传

高兴 / 著

中国出版集团 现代出版社

图书在版编目（CIP）数据

米兰·昆德拉传 / 高兴著；—北京：现代出版社，2018.4（2021.5重印）
ISBN 978-7-5143-6890-1

Ⅰ.①米… Ⅱ.①高… Ⅲ.①昆德拉(Kundera,Milan 1929-)—传记
Ⅳ.①K835.655.6

中国版本图书馆CIP数据核字（2018）第042420号

米兰·昆德拉传

作　　者：高　兴
组稿编辑：庞俭克
责任编辑：申　晶
出版发行：现代出版社
通信地址：北京市安定门外安华里504号
邮政编码：100011
电　　话：010-64267325　64245264（传真）
网　　址：www.1980xd.com
电子邮箱：xiandai@vip.sina.com
印　　刷：永清县晔盛亚胶印有限公司

字　　数：150千字
开　　本：880mm×1230mm　1/16
印　　张：7.75
版　　次：2018年5月第1版
印　　次：2021年5月第2次印刷
书　　号：ISBN 978-7-5143-6890-1
定　　价：40.00元

目　录

一、姿态：躲在作品背后 ···················（1）

二、布尔诺：学音乐的孩子 ···················（13）

三、铁蹄下的祖国 ·······················（23）

四、布拉格：在艺术中寻找 ···················（33）

五、《可笑的爱》：找到自己的方向 ···············（53）

六、《玩笑》：成名后的尴尬 ··················（81）

七、布拉格之春 ························（95）

八、争论：哈维尔与昆德拉 ··················（107）

九、"永远退到一旁" ·····················（115）

十、流亡：来到精神故乡 ···················（137）

十一、《笑忘录》：重新拿起笔 ·················（145）

十二、《难以承受的存在之轻》 ·················（165）

十三、翻译，唯一的出口 ···················（185）

十四、天鹅绒革命 ·······················（195）

十五、《不朽》：舞台的转换 ···················（201）

十六、《缓慢》：告别母语 ·····················（217）

附　录：

主要参考书目 ···························（235）

昆德拉年谱 ····························（238）

一、姿态：躲在作品背后

写米兰·昆德拉传，是件艰难而又冒险的事，甚至是件不太可能的事。这涉及昆德拉的基本姿态：把自己的私生活划为谁也不能闯入的禁区，始终顽固地躲在作品背后。

已经不仅仅是低调的问题了。世上低调的作家其实很多，原因也各不相同。比如波兰女诗人维斯瓦娃·希姆博尔斯卡；比如罗马尼亚作家埃米尔·齐奥朗；比如如今已移居澳大利亚的小说家约翰·马克思韦尔·库切。

希姆博尔斯卡从不参加任何文学聚会和诗歌朗诵会。她回避正式场合，却很乐意和不多的几个朋友聚在一起，吃着鲱鱼，喝着伏特加，谈论一些日常话题。在几十年的写作生涯中，只接受过一两次采访。平时，除了钓鱼和收集旧明信片，就是写诗，不慌不忙地写，一年也就写十来首。作品虽然不多，但用一些评论家的话说，"几乎每首都是精品"。在获得诺贝尔文学奖后，只举行了一个简短的记者见面会，就又销声匿迹了。她是个把宁静看得比什么都重要的诗人。在宁静中生活，在宁静中写作。诗作也有一种宁静的力量。外在的宁静和内心的宁静，你在她的诗歌中都能感到。宁静成为她诗歌的源泉和力量，也成为她个人空间的保障和乐趣。

齐奥朗生前曾为自己定下一个规矩："尽量隐姓埋名，尽量不抛头露面，尽量默默无闻地生活。"他是个厌世者，一个悲观主义者，极端鄙视声誉，一直与现代生活格格不入，始终将自己置于"句子的中央"。在孤独中，思想不停地运转。他的大量箴言和警句就这样产生。有趣的是，这么一个厌世者晚年竟向一场不可能有结果的爱情张开了双臂。更为有趣的是，最最鄙视声誉的他还是在身后获得了显赫的国际声誉，仿佛应了他自己说过的一句话："当一位作家无话可说时，荣誉为他戴上桂冠。荣誉赞美尸体。"

库切在得知自己获得诺贝尔文学奖的消息后，异常平静，只是轻轻说了一句："这完全是个意外。我都不知道宣布获奖的事。"他的反应同他以往的表现完全吻合，一点都不出乎人们的意料。他平时为人处世就很低调，喜欢独处，尽量避免抛头露面，极少同媒体接触，至多通过电子邮件回答记者或读者的一些问题。甚至都不愿前去领英语世界十分看重的布克奖。这种低调需要严格的自律。库切恰恰是能够严格自律的人。他不抽烟，不沾酒，常年坚持长跑，还是个素食主义者。平时绝对不苟言笑。他的同事透露，和他共事的几十年里，只见他笑过一回。库切在生活中极有可能很古怪，很呆板，毫无情趣，但他并不是厌世者，也不回避自己的隐私。其实，他的《少年》和《青春》等小说就带有浓厚的自传色彩。他的《耻辱》《迈克尔.K的生活和时代》等代表作中也到处可以看到他本人的影子。他是个典型的让作品说话的作家。他的低调更多的和他的性格、他的成长背景、他的思维方式和生活方式有关。

以上几位作家的低调似乎还在人们可以理解的尺度之内。昆德拉的某些举止言行，由于极端，就有点让人不可思议了。他总是千方百计地藏匿自己的私生活，决不向任何人提供详细的个人生平材料，也决不允许任何人谈论他的个人生活，还以毫无商量的口气宣称："我从不把小说看作一种自白形式。我讨厌轻率。在生活中反对轻率，在艺术中也一样。我的生活是我的秘密，与任何人无关。"①

一九八五年春天，昆德拉获得了以色列最重要的文学奖——耶路撒冷奖。昆德拉欣然接受并发表了题为《小说与欧洲》的答谢词。借此机会，一位俄裔美国女作家想采访一下昆德拉。有人善意地提醒她：苏联入侵后，昆德拉对所有的俄国人都有所警惕，难以信任。倔强的女作家没有退缩。她往昆德拉的巴黎寓所打电话，提出采访请求。果然，昆德拉的语调极为冷淡。没想到，女作家随后提到的一件事帮了她的忙。她告诉昆德拉她的祖父名叫里奥尼德·安德列耶夫，是十九世纪末二十世纪初俄国小说家和戏剧家。这种特殊的家庭氛围让她本人也走向了文学。这时，僵局被打破了。昆

---

① 见克维托斯拉夫·赫伐基克《米兰·昆德拉的小说世界》，杨乐云译。

德拉说他年轻时读过这位作家的作品，对他相当钦佩。采访日期就这样确定。但没过几天，女作家意外地收到了昆德拉的一封信。他在信中写道："我必须提醒你我的坏脾气。我不能谈自己，不能谈我的生活和我的心理状态。在此方面，我的谨慎几乎达到了病态的地步。对此我毫无办法。倘若你觉得可以接受，我愿意谈文学。"如此一来，他彻底掌握了主动，将原定的采访变成了对话。

"头一个允许记者随意复制他的言论的作家罪该万死！"这句咒语出自昆德拉之口。从中我们可以看出他对采访的憎恨。他有三条理由：第一，采访者只提他感兴趣的问题，而不是你感兴趣的问题。第二，在你的回答中，他只采用对他胃口的部分。第三，他将你的回答转化成他的语言，他的思维方式。有时甚至任意篡改你的回答。昆德拉想到了采访最最可怕的后果：人们，甚至包括最最严谨的学者都会将它当作被采访者的言论加以引用。因此，他于一九八五年七月做出决定：不再接受采访。

果然，除却由他本人同意并附有版权的几次对话，近二十年来，昆德拉一直对新闻界不理不睬。此外，他还不参与公众聚会和庆典，不参加任何学术或社会活动，不上电视，不让人拍照。

有人想写昆德拉，试图通过他故乡的熟人了解他的情况。结果，一圈电话打下来，回答如出一辙：慎重起见，还是不说为好。仿佛有一道无形的缄默令，谁也不敢轻易违背。他们太清楚这位著名老乡的脾气了。一旦发起火来，他绝对会翻脸不认人的。他们再也甭想同他保持私人交往了。捷克作家韦瑞茨基曾用文字描绘过这样富有戏剧性的一幕："巴黎，一九九二年十二月。晦暗的黄昏时分。市中心的小酒店走来一位灰发、苦行僧般瘦高身材的男子。他透过窗子往里看。当他一眼瞥见手持相机的年轻人时，转身急步离去。从餐厅飞奔出一位年轻女士——捷克最大一家报纸的记者。'请等一下，昆德拉先生，'她在他身后嚷道，'我们不给您拍照，我们保证。'男子走得更快，女记者在后急追。作家小跑起来。这场景如同剪自伍迪·爱伦的电影，只差这男子回过头去大吼一声：我跑不了这么快，因为我是天才——在曼哈顿导演的想象中，昆德拉所景仰的歌德，在被飞碟跟踪时，就是这么表现的。穿着便鞋的女记者还是追上了男子，抓住了他的衣袖。一番劝说之后，并在女记者再三保证不拍照的情况下，昆德拉的态度才缓和下来，朝瓦茨拉夫·哈维尔等候着的约会地点走去。昆德拉的朋友、捷克驻巴黎大使雅·谢捷维怎能铸如此大错：在两个较量者历经沧桑再度会面的历史性场合，竟邀请来什么记者！"①

　　"天鹅绒革命"后，昆德拉曾秘密回到久违的捷克。一天，他应邀去布拉格某剧院观看贝克特的话剧演出。中途休息时，一名丹麦学生认出了他。可昆德拉坚持说："您弄错

---

① 拉迪斯拉夫·韦瑞茨基：《隐身作家米兰·昆德拉》，徐伟珠译，载《世界文学》2004年第2期。

了，我不是您以为的那个人。"学生不可理解："您为什么这么说呢？"昆德拉摘下墨镜，逼近对方，恶狠狠地说："因为我不想跟您说话。"

类似的故事还有许多。在常人看来，这已经有点不近人情了。可这就是昆德拉，功成名就后的昆德拉。

是出于牢固的想法？是故弄玄虚？是一种怪癖？还是有某种难以言说的苦衷和顾虑？恐怕这几方面的原因都有。复杂、微妙、难以说清。

昆德拉当然自有说法。他认为，"对个人、对个人独到的思想和个人不容亵渎的隐私权的尊重"是"欧洲文化最宝贵的东西"。[1]他赞同法国小说家福楼拜的观点：小说家是努力消失在自己作品之后的人。昆德拉的理解和感叹："消失在作品之后，就是放弃公共人物的角色。这在今天并不容易。今天，所有重要或不重要的都要走上被大众传播媒介照亮的令人无法忍受的舞台。这些传播媒介与福楼拜的意图相反，使作品消失在作者的形象后面。在这种任何人都无法完全逃脱的境况里，福楼拜的看法在我看来几乎是一番警告：小说家一旦扮演公共人物的角色，便把自己的作品置于危险之中。他们的作品有可能被看作仅仅是他的动作、声明、立场的一个阑尾。"[2]昆德拉觉得，作家和小说家是两个不同的概念。作家在作品中发出他个人的声音，表明他个人的思想。作家

[1]　米兰·昆德拉：《小说的艺术》，孟湄译，三联书店，1992年版。
[2]　米兰·昆德拉：《小说的艺术》第152～153页。

可以成为民族的精神代表，可以通过作品宣扬某种信念，甚至可以通过作品干预社会生活。在昆德拉的眼里，卢梭、歌德、夏多布里昂、纪德、马尔罗、加缪和蒙泰朗都是典型的作家。而小说家呈现另一种面貌："小说家并不炫耀自己的思想。他是一名探索者，探索自己的道路，以便揭示出存在中某些不为人知的方面。使他着迷的不是自己的声音，而是他在寻找的一种形式。只有那些能满足他的梦的需求的形式才成为他作品的一部分。"①昆德拉列出的小说家的杰出代表：菲尔丁、斯特恩、福楼拜、普鲁斯特、福克纳、塞利纳和卡尔维诺。

昆德拉将小说视为一个广阔的自主的天地，游戏和假设的天地，探索无限可能性的天地，想象自由飞翔的天地。小说家的形象对他是一种绝对的诱惑。

一段意味深长的对话："昆德拉先生，您是共产主义者？""不，我是小说家。""您是持不同政见者吗？""不，我是小说家。""您是'左'派还是右派？""既不是'左'派也不是右派，我是小说家。"

昆德拉的野心：当一个纯粹的小说家。他希望，当人们提到昆德拉这个名字时，想到的是他的小说，而不是他的生活。在此方面，他将海尔曼·布罗赫当作自己的知音。布罗赫在谈论他本人、穆齐尔和卡夫卡时说："我们三人都没有真

---

① 米兰·昆德拉：《六十三个词》，高兴译，载"世界经典散文新编东欧卷"《被忘却的歌》，百花文艺出版社，2000年版。

正的个人履历。"昆德拉解释道：这并不是说他们的生活缺乏内容，而是说他们不愿意让自己的生活引人注目，不愿意公开它，不愿意写成传记。不喜欢传记的还有小说家纳博科夫和福克纳。纳博科夫说："我憎恨篡改伟大作家的珍贵生平。传记作家休想看一眼我的私生活。"福克纳则希望"作为个人从历史中被废除和取消，不留痕迹，除却出版的著作之外，不留任何废料"。①昆德拉实际上借这些小说家的言语表明了自己的态度：不相信传记，甚至厌恶传记，尤其是小说家的传记。他引用了一个众所周知的隐喻：小说家拆毁自己的生命之屋，用它的石头建造小说之屋。因而，他认定，小说家的传记作者是在拆毁小说家做成的东西，而重新做他所不愿做的事情。他们所有的劳动都既不能照亮小说的价值，也不能照亮小说的意义，甚至连几块砖瓦也认不出来。卡夫卡一旦比约瑟夫.K更引人注目，那么，卡夫卡的第二次死亡便会立刻开始。②

翻开他近几年出版的法文版著作，人们会发现，他为自己写的简历仅仅两句话："米兰·昆德拉生于捷克斯洛伐克。一九七五年移居法国。"

复杂、漫长的一生就这样被浓缩为两个基本点：出生和流亡。其他一切，全被省略。

---

① 米兰·昆德拉《六十三个词》，高兴译，载"世界经典散文新编东欧卷"《被忘却的歌》，百花文艺出版社，2000年版。
② 同上。

昆德拉的种种超乎寻常的表现得到了一些人的理解和认同，也引发了一些人的疑惑和猜测。有人怀疑他在故作神秘：因为，实际上，他越是封闭自己，就越是容易引起世人的兴趣和注意。有人断言他的前半生一定有什么"劣迹"需要隐瞒。否则，他不会如此煞费苦心地遮盖自己的生活历程。有人毫不客气地指出，昆德拉的某些言行同他过去的表现反差极大。还有人善意地把这看成他的一种怪癖。怪癖嘛，总是可以允许的。昆德拉的几位学生回忆，他在布拉格电影学院当老师时，就有不少令人费解的癖好：喜欢在最后一刻变更上课的时间和地点；喜欢临时改变驾车路线；坚决不给未经预约前来找他的人开门。

不管怎样，对于热心关注昆德拉的读者而言，适当了解一下他的人生轨迹，肯定有助于更好地理解他的作品。虽然昆德拉时时强调小说和生活完全是两码事，但在他的作品中，尤其是他的早期作品中，还是处处可见他的人生痕迹。比如，《玩笑》所透露的他的家乡生活。《难以承受的存在之轻》间接提到的"布拉格之春"。《生活在他方》中涉及的他的诗歌经历。他小说中的音乐元素、美术元素、电影元素和戏剧元素同他个人成长史的关联等。问题是，所有这些"触及"都模模糊糊，拐弯抹角。倘若能清清楚楚地了解这些背景，读者无疑会更准确地读懂昆德拉。隐私权当然要保护，但像昆德拉这样把全部人生都当作不容侵犯的隐私，在世界文坛上实属罕见。这也是至今为止，世上还没有一部严格意义的昆德拉传的缘由。昆德拉说过，小说家都是自我中心的。显然，他就是一个典型。毫无疑问，昆德拉的极端姿态已筑起一道难以逾越的栅栏，阻挡人们进一步贴近他的小说。

鉴于这一特殊情形，我们需要说明：我们只能在本书中为读者朋友描绘出昆德拉隐约的人生轨迹。而更多的笔墨将投向他的创作。其实，创作正是他人生极为重要的部分。

二、布尔诺：学音乐的孩子

一九二九年四月一日，米兰·昆德拉出生于捷克斯洛伐克第二大城市布尔诺。父亲卢德维克·昆德拉是钢琴家、音乐教授，当过雅那切克音乐学院院长。母亲米拉达·雅诺斯科娃·昆德拉是位知书达礼的善良的女性。

有关自己的出生日，昆德拉说过一句简洁却有意味的话："我出生于四月一日，它具有形而上的意义。"昆德拉后来的人生历程也确实像一连串深刻的愚人节。

昆德拉似乎对小国这一概念特别敏感。生长在捷克这个中欧小国里，他觉得是一种优势。因为，身处小国，你"要么做一个可怜的、眼光狭窄的人"，要么成为一个广闻博识的"世界性的人"。他这么说的时候，实际上已经表明：自己有幸属于后一种人。

他的身为诗人兼翻译家的堂兄卢德维克·昆德拉至今还清晰地记得米兰·昆德拉出生时的情形：在那个四月的清晨，叔叔跑来告诉大家儿子出生的消息。晨光熹微，布尔诺还在沉睡之中。院子门关着。叔叔急不可待，从栅栏上跳了下来，把裤子都扯破了。从这段回忆可以看出，昆德拉的出生给父母、给家族带来了极大的欢乐。

昆德拉的故乡布尔诺是个人口不到四十万的城市，位于捷克摩拉维亚地区，在欧洲来说，就算个大城市了。八百余年的历史为这座城市留下了不少城堡、教堂等古迹和丰富的记忆和民俗。拿破仑也曾在此指挥过著名的奥斯特利茨战役。

从昆德拉后来的言语中，我们很少听他提到家乡。即便提及，也不带什么感情色彩，也并不是出于思念，而是想说明一件具体的事情。他笔下的布尔诺也不美丽："这个摩拉维亚城市曾经是抵御马扎尔人和土耳其入侵者的堡垒。往昔的战争在它的外表上刻下了一系列不可磨灭的丑陋的痕迹。"

故乡给昆德拉最大的馈赠是音乐。这同家庭有关，同布尔诺乃至捷克特有的音乐氛围有关。有这样的民谚：捷克人个个都是乐师。难怪这样一个小小的国度竟然培育出好几位享誉世界的音乐家：德沃夏克、斯美塔那和雅那切克。

昆德拉孩提时代相当一部分时间是在父亲的书房度过的。这是一段愉快的艺术时光。在这里，他经常悄悄地听父亲给学生讲课。父亲对现代音乐的热爱和一丝不苟的演奏态度，深深地打动了他。"在他的弹奏中，每一个音符都被赋予了意义，每一个'渐强'和'渐弱'都具有充分的理由和重要性。"在这里，父亲亲自教他弹钢琴，引领他一步步走进音乐世界。在这里，他带着好奇心，任意浏览父亲众多的藏书。十来岁时，就已读了大量的文学名著，捷克的和外国的都有。父亲的书房是个丰富的世界。昆德拉对艺术的兴趣正是在这里萌生，日后不断增强，并且贯穿一生，深刻影响着他后来的小说创作。

父亲每天都会要求儿子严格按照乐理来练习钢琴。儿子也喜欢弹钢琴。只是在练习时时常会有一些即兴发挥。他的创造力和叛逆性格那时就已显露出来。母亲一辈子都在替他担忧。昆德拉回忆起这段童年时光来，总会流露出一丝温情和得意：

> 童年时代的我坐在钢琴前，醉心于即兴乱弹，一个用最强音无休止地奏出的 c 音上的小三弦与下属音 f 音上的小三和弦的叠置，就足以使我欣喜若狂。不断重复的两种和弦以及富有旋律性的原始乐思使我体验到了一股强烈的冲动，任何一段肖邦，任何一段贝多芬都从来没有激起我如此的冲动。[①]

没有想到，儿子的这种"越轨"终于让一向温和的父亲忍无可忍：

> 有一次，我的音乐家父亲怒气冲冲地跑进我的

[①] 米兰·昆德拉：《被背叛的遗嘱》，余中先译，上海译文出版社，2003年版。

房间——在此前此后，我从未见他发过火——把我从琴凳上抱走，强忍着怒火把我带到饭厅，塞在饭桌底下。

童年的昆德拉弹钢琴很投入，常常进入心醉神迷的状态。

敲击着琴键的男孩子感到一种热情（一种忧伤或是一种快乐），而激情上升到一定强烈程度时，就会一发不可收：男孩子入了迷，对周围的一切视而不见，听而不闻，在这种状态下，他忘记了一切，他甚至也忘记了他自己。[①]

昆德拉还不到十岁时，听到了第一张唱片。那是巴赫的威瓦尔第第四钢琴协奏曲 A。巴赫的遭遇让他完全着了迷。他那时自然还不能听懂巴赫。但他确实感到了某种奇妙的东西。说不清，道不明，但就是好听，怎么听都听不够。

十三四岁时，正值战争期间，父亲安排他跟从捷克最出色的作曲家之一保尔·哈斯学习作曲。这实际上是一种友谊的特殊表达。因为哈斯先生是犹太人。当时，他已被迫戴上了黄星标志，人们像躲瘟疫一般躲避着他。他和其他犹太人一样，房子一次又一次被没收，所以不得不一次又一次地

---

① 米兰·昆德拉：《被背叛的遗嘱》，余中先译，上海译文出版社，2003年版。

搬家，住所越搬越小。最后，在他被遣送到特雷津集中营之前，搬到了一个每个房间都密密麻麻挤满人的住所。昆德拉总是夹着笔记本跟随着他。这种游击式的学习在他看来更像一场游戏。作曲家有一架心爱的小钢琴，每次搬家，他都舍不得扔掉。昆德拉无法抹去记忆中的那幅情景："我就在那架钢琴上弹着我的和弦或复调练习曲，每次都有陌生人在我们周围干着他们的事。"

昆德拉特别忘不了老师的一段话。那是一次下课后，老师陪他走到门口时，突然对他说的："在贝多芬的音乐中，有许多惊人薄弱的乐段。但恰恰是这些薄弱处使强有力的乐段大放异彩。它就像一片草坪，要是没有草坪，我们看到从地上长出的漂亮大树时是不会兴奋的。"

一段让昆德拉咀嚼了一辈子的话，一段让昆德拉感动了一辈子的话。昆德拉每每想到这段话时，都会清晰地看到老师感人的形象：面对死亡的威胁，他竟然从容不迫地对一个孩子大声亮出了自己的艺术体会。

后来，哈斯先生被关进集中营，再也没有出来。昆德拉始终把他当作"我个人神殿中的一位"。他写下的第一首诗《纪念保尔·哈斯》就是献给这位老师的。也正是因为这一缘由，从此，昆德拉对犹太民族便怀有一种特别的敬意。

哈斯之后，昆德拉又跟从父亲的亲密朋友瓦茨拉夫·卡普拉尔学习作曲。昆德拉非常喜欢卡普拉尔先生。在他的印象中，这位老师是一个敏感、幽默的人。昆德拉觉得自己最大的收获就是从老师那里学会了爱好各种各样的神秘事物。

家乡另一位在音乐方面给予他重大影响的人物是作曲家莱奥什·雅纳切克。昆德拉的父亲曾当过他的学生。昆德拉从小就接触到他的作品，还听说过不少有关他的故事。

雅纳切克生于一八五四年，终生在布尔诺生活和工作。在一生的音乐探索中，创作了《四重奏》《在薄雾中》《玛丽奇卡·马克多诺娃》《耶奴发》等音乐和歌剧作品。一位永不满足的音乐家，一位一生都在瞄准本质的音乐家，总是不断地否定自己的作品，只是到了五十多岁，才形成自己的风格，到了六十多岁，作品才进入现代音乐会的保留节目单中。昆德拉称赞他为表现主义音乐大师。"对于他来说，一切皆为表现，任何一个音符，如果它不是表现的话，便没有存在的权利。"

然而，这位一生都在努力将革新力量注入音乐和歌剧的作曲家生前却没有多少知音。在捷克，他的作品迟迟不能上演。正统的音乐界人士一直对他不屑一顾。很长一段时间里，几乎没有一个同胞认真研究他的作品，更不用说理解了。具有讽刺意味的是，在英国、在德国、在法国以及其他欧美国家，人们却非常熟悉他，十分明白他的分量。

昆德拉认为，小民族有小民族的优势，但也有它明显的弊病。小民族的优势是"它文化生活惊人的强度"和家庭般亲切的氛围。而弊病也在此产生：在热烈亲切的气氛中，人人都容易嫉妒他人，人人都在监视他人。家庭当然是不允许异己的。而雅纳切克恰恰是小民族这种弊病的牺牲品。正是他的"与众相异"，使他成为"家庭中不受疼爱的孩子"，尽管他那么爱这个家。

昆德拉极为敬佩这位天才的老乡，仔细研究过他的作品，并为他孤独的遭遇愤愤不平。雅纳切克对他的启发是多方面的。他在各种场合反复提到雅纳切克，将他视为艺术道德的楷模。在他晚年出版的随笔集《被叛卖的遗嘱》中，有一篇文章专门献给雅纳切克。字里行间透着悲怆的气息。他在谈论雅纳切克时，明显有一种同病相怜的感觉。因为，他，小说家米兰·昆德拉，也是一个"家庭中不受疼爱的孩子"。

儿时的昆德拉似乎对什么都感兴趣，同时对什么都爱问为什么。在提问和怀疑中增长知识并探究事物。这种怀疑精神同他所受到的教育有关。

他自己承认："我从小受无神论的教育，而且一直津津乐道于此，直到有一天，我目睹基督徒受到侮辱，情况顿时起了变化。一下子，我青少年时代诙谐的无神论如同一切年轻人的幼稚行为一样，飞逝得无处可寻。我理解我信教的朋友们，我的心中充满激情和团结精神。有时，我还陪他们去教堂望弥撒。尽管如此，我仍然无法相信存在着一个掌握我们所有人命运的活生生的上帝。无论如何，我又能知道什么？而他们，他们又能知道什么？他们确信自己确信吗？我身子坐在教堂里，心中却怀着一种奇怪而幸福的感觉：我的不信神与他们的信神竟是那么令人惊奇的相似。"

　　这种怀疑精神将伴随他的一生，并渗透到他的小说创作之中，成为他小说的一大基本特质。

三、铁蹄下的祖国

　　在漫长的历史岁月中，捷克民族曾遭受过无数次的磨难。有长达三百多年的时间，还一直处于异族统治之下。由于特殊的地理位置，几乎欧洲的每一场战争都会波及捷克这片土地。一九三八年十月，德国、意大利、英国和法国四国签订了慕尼黑协定，将捷克出卖。一九三九年春天，希特勒军队占领捷克斯洛伐克。灾难再度降临。几个月后，第二次世界大战开始。是年，昆德拉正好十岁，对周围发生的一切已有清晰的记忆。

　　这是一段恐怖的记忆，也是一段反抗的记忆。面对祖国灭亡的悲惨局面，捷克人民以各种方式进行反抗。一九三九年十一月，捷克学生领袖扬·奥布涅塔被法西斯枪杀。十一月十七日，布拉格大学生利用奥布涅塔葬礼，组织了大规模的反法西斯示威游行。德国法西斯随即封闭了捷克所有的大学，并把数千名大学生关进了集中营。战后，这一特殊日子被定为国际学生节。

　　苏德战争爆发后，捷克发生怠工事件，德国法西斯大为恼怒。他们派来亨德里希，名义上为了保护捷克，实际上是要加强统治。一九四二年夏天，在伦敦的捷克斯洛伐克流亡政府派人暗杀了亨德里希。一场血腥的报复随后发生：德国占领军将布拉格附近的利季泽村的男人和少年全部杀害，把女人和孩子送进了集中营。这就是震惊世界的"利季泽事件"。捷克共产党组织也因此蒙受了重大损失。

恐怖在蔓延。作家和艺术家也在劫难逃。尤其是那些有强烈反法西斯意识并积极参加反法西斯斗争的作家和艺术家。他们的作品难以发表。还有成批的作家和艺术家被关进集中营。伏契克、万楚拉等作家就这样倒在了法西斯的枪口下。

这同样是一段不可磨灭的记忆。众多捷克作家用文字向世人呈现了占领时期的真实状况和无数难忘的故事。

昆德拉的同时代人、捷克作家伊凡·克里玛曾因自己的犹太血统在集中营里度过了三年多恐怖的时光。克里玛告诉人们：

> 伴随死亡的是恐惧。我知道我处于一种没有人道的力量支配之下。这是一种可以为所欲为的力量；我知道自己随时都可能被转移，被带到一去不复返的地方；我知道随时都会有一个穿灰绿色制服、帽子上有一个人头的人出现在我面前，揍我或杀死我。

　　我 的 朋 友 们 ， 那 些 男 孩 和 女 孩 ， 都 进 了 毒 气
室 。 唯 一 剩 下 来 的 一 个 ， 我 真 正 喜 欢 的 ， 他 叫 阿 瑞
尔 ， 集 中 营 囚 犯 自 我 管 理 委 员 会 主 席 的 儿 子 ， 十 二
岁 时 死 在 枪 口 之 下 。[1]

　　捷克诗人、诺贝尔文学奖获得者雅罗斯拉夫·塞弗尔特
在回忆录《世界美如斯》中也有不少动人的讲述。我们先来
听听有关画家弗朗基谢克·比洛德的故事：

　　我 们 刚 坐 下 叫 了 酒 ， 却 见 一 个 年 轻 的 、 喝 得 醉
醺 醺 的 希 特 勒 党 卫 军 踉 踉 跄 跄 走 了 进 来 。 比 洛 德 打
量 了 他 一 下 之 后 ， 若 无 其 事 地 走 过 去 ， 坐 到 他 的 旁
边 ， 并 且 马 上 开 口 对 他 讲 了 起 来 。 我 们 一 个 个 惊 得
发 呆 ， 可 是 听 不 见 他 在 讲 些 什 么 。 那 是 后 来 才 知 道
的 。 当 时 只 见 德 国 人 坐 在 那 儿 ， 比 洛 德 滔 滔 不 绝 地
说 个 不 停 。 我 们 就 等 着 这 个 党 卫 军 站 起 身 ， 把 比 洛
德 逮 捕 入 狱 了 。 可 是 ， 没 有 发 生 这 样 的 事 。 哪 儿 的
话 ， 德 国 党 卫 军 好 像 还 挺 用 心 地 听 着 哩 。

　　比 洛 德 先 用 黑 颜 色 给 他 画 出 等 待 着 他 的 昏 暗 前

---

[1]　伊凡·克里玛：《布拉格精神》，崔卫平译，作家出版社，1998 年版。

景。他不会长期待在布拉格的。必须去东方，上前线，那儿可是活地狱哪。苏联近卫军的鱼雷迫击炮可怕极啦，把活人统统烧成焦炭。毫无希望了，他将死在那里，柏林的老母亲徒然望眼欲穿，盼着他的家书。她盼不着了。接到死亡通知书，她会号啕痛哭，最后伤心地死去。一番有声有色的描绘讲得这个党卫军支持不住了，他身子一哆嗦，眼睛里滚出几颗泪珠，落在佩戴着死亡标记的黑制服上。

事后，比洛德好不神气，夸口说他是唯一使党卫军掉泪的捷克斯洛伐克人。

然而，这个有着强烈爱国心的可爱的艺术家却没能逃脱悲惨的结局：

战争快要结束，人们对这场战争将如何结束已无可怀疑。有一回，在普洛哈泽克饭馆——它就坐落在今天的和平广场——弗朗基谢克大谈战争结束时希特勒将会怎么样。在场者中有一个是告密分子。一月中旬，比洛德被盖世太保带走，从此再没有回来。我们从此再也没有看到他。

他被送进了特雷津。就在战争即将结束时，他得了伤寒症和白喉。有一次，德国人要把患病的囚徒拉出去处死，弗朗基谢克使尽浑身力气挣扎着站起来，装作没有病。有些活下来的人亲眼看到了他为生命而做的这一绝望斗争。[①]

最后，他还是死了。"正好在苏联红军开进布拉格、全市欢声雷动的那个美好的五月天。"

恐怖的阴影也投到了昆德拉的家乡布尔诺。他抬头就能看见的什皮尔贝尔克城堡像一座天然的监狱，坚固，庞大，神秘，里面设有牢房、拷问室和刑具室，曾囚禁过奥地利仁人志士、意大利烧炭党人以及波兰和匈牙利的革命者。"二战"期间，纳粹分子利用城堡的地下牢房关押过八万名政治犯。

战争期间，昆德拉及其家庭虽然没有遭受太大的磨难，但他父亲的不少朋友却受到直接的冲击，有些还失去了生命。家庭中反法西斯的气氛明显存在。危难时刻，父亲毅然决然送他去跟从一位犹太老师学习音乐的壮举，既是友谊的特殊体现，也是对法西斯恐怖的一种变相抗议。这不能不影响到少年的昆德拉。此外，他当时极为钦佩的万楚拉、伏契克等作家的遭遇也深深震撼了他。成为作家后的昆德拉曾在谈话和文字中，明确将法西斯当作捷克乃至全世界二十世纪的大灾难之一。

所有这些都导致了他同共产党的亲近，以及对社会主义

---

① 雅·塞弗尔特:《世界美如斯》，杨乐云节译，载《被忘却的歌》第106～166页，百花文艺出版社，2000年版。

的拥戴。捷克共产党在反法西斯斗争中的英勇作为，同他内心一度充盈的理想主义和英雄主义情怀十分吻合。他当时还是中学生，政治热情已然很高。热衷于参加各类政治和社会活动，热衷于参加各种辩论。这同他后来的表现形成巨大的反差。据他自己回忆，在中学的最后一年，他在政治辩论中曾表示，即便社会主义可能带来一个文化黑暗时期，他也会继续支持它，因为它代表着解放人民的一个必要阶段。

一九四七年，十八岁的米兰·昆德拉成为捷克共产党的一员。

在小说《笑忘录》中，昆德拉也谈到了当时人们对共产党和苏联军队的拥护："一九三九年，德国军队挺进波希米亚，捷克作为一个国家就消亡了。一九四五年，苏军进入波希米亚，捷克重新宣布独立，成为一个自主的共和国。捷克人民对苏联人表示了极大的热情——是他们把德军赶出了捷克——而且由于人民认为捷克共产党是自己的忠实代表，于是就把自己的心转向了共产党。结果，在一九四八年二月，没有发生暴力冲突和流血事件，共产党便取得政权。对此，全国大约有一半的人欢欣鼓舞。请记住：欢欣鼓舞的这一半是强盛的、明智的、最优秀的一半。"①当然，昆德拉也属于这"最优秀的一半"。

---

① 米兰·昆德拉:《笑忘录》第7页，莫雅平译，中国社会科学出版社，1992年版。

那些年代的热情和表现，昆德拉现在已不太提起了，谈到人生这一阶段时，他机敏而又狡猾地说了一句：那时，所有具有先锋意识的知识分子思想都很"左"倾。

四、布拉格：在艺术中寻找

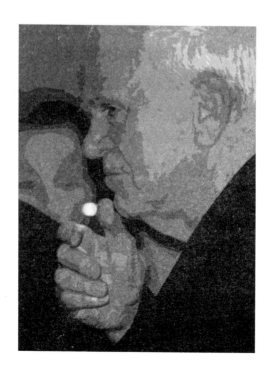

　　总是听人在津津有味地谈论布拉格，谈论总统府、老城广场和查理大桥。谈论它的特别的艺术氛围，谈论古老的查理大学，谈论它幽默、欢快的人民。有意思的是，谈论者中有许多其实并没有真正去过布拉格。没有去过，都能感觉到这座城市的魅力，这就是布拉格的神奇了。

　　生在布拉格长在布拉格的捷克著名小说家伊凡·克里玛，在谈到自己的城市时，有一种掩饰不住的骄傲："这是一个神秘的和令人兴奋的城市，有着数十年甚至几个世纪生活在一起的三种文化优异的和富有刺激性的混合，从而创造了一种激发人们创造的空气，即捷克、德国和犹太文化。"[①]显然，克里玛对布拉格有着绝对切身的感受和本质性的了解。布拉格魅力的根子可以在他的话中找到。

　　克里玛又借用被他称作"说德语的布拉格人"乌兹迪尔的笔为我们描绘了一个形象的、感性的、有声有色的布拉

[①]　伊凡·克里玛:《布拉格精神》第44页，崔卫平译，作家出版社，1998年版。

格。在乌兹迪尔的眼中，布拉格美丽得犹如童话。这是一个具有超民族性的神秘世界。在这里，你很容易成为一个世界主义者。这里有幽静的小巷、热闹的夜总会、露天舞台、剧院和形形色色的小餐馆、小店铺、小咖啡屋和小酒店。还有无数学生社团和文艺沙龙。自然也有五花八门的妓院和赌场。到处可以听到音乐，到处可以看见闲逛的居民。布拉格是敞开的，是包容的，是休闲的，是艺术的，是世俗的，有时还是颓废的。

布拉格也是一个有着无数伤口的城市。战争、暴力、流亡、占领、起义、颠覆、出卖和解放充满了这个城市的历史。饱经磨难和沧桑，却依然存在，且魅力不减，用克里玛的话说，那是因为它非常结实，有罕见的从灾难中重新恢复的能力，有不屈不挠同时又灵活善变的精神。

如果要用一个词来形容布拉格的话，克里玛觉得就是：悖谬。布拉格充满了悖谬，悖谬是布拉格的精神。

或许悖谬恰恰是艺术的福音，是艺术的全部深刻所在。要不然从这里怎会走出如此众多的杰出人物：德沃夏克、雅那切克、斯美塔那、哈谢克、卡夫卡、布洛德、里尔克、塞弗尔特等。这一大串的名字就足以让我们对这座中欧古城表示敬意。

昆德拉和布拉格有着永远抹不去的联结。从一九四八年来到布拉格上学，到一九七五年流亡法国，他在这座城市生活了整整二十七年。这是成长的关键阶段，人生的最重要的年华。因此，对他而言，布拉格具有塑造的意义。

首都布拉格一直是昆德拉心仪的地方。从他本人的一段话中就可以看出他决意离开家乡布尔诺、奔赴首都布拉格的缘由："布尔诺完全有成为一个文化中心、一个大城市的先决条件。它有自己特定的内地，摩拉维亚。它有一所大学，有自己的文化传统。总之，布尔诺有布拉格所有的一切，只是规模相对来说稍稍小了一些。然而它始终未能实现它的先决条件可以实现的。布尔诺尽管可以培养出著名的文学家、画家、作曲家和小提琴家，这些人可以在这座城市里度过活跃的一生，但无论他们的作品有多么出色，他们永远不会达到全国声誉，因为国民意识的大脑是布拉格。"昆德拉显然不愿重复家乡那些有才华的艺术家默默无闻的命运。他满腔热情地来到布拉格，就是想要干出一番事业并最终获得社会的承认。

少年和青春时期的昆德拉兴趣极为广泛。他最早沉迷于造型艺术，一心想当雕塑家和画家。一度成为家乡小有名气的小画家。曾为剧院和出版社画过不少插图。之后，又狂热地爱上音乐。他自己也承认："一直到二十五岁前，对我而言，音乐比文学更有吸引力。"他考入布拉格查理大学哲学系后，却经常去听音乐课。一段时间后，又到布拉格电影学院学习电影专业，并在那里毕了业。一九五〇年，由于"时常有反官方言行和反党思想"，他被开除了党籍，不得不从查理大学退学，索性把更多时间投入到了音乐学习和创作中。他刻苦研究十二音体系，开始尝试作曲，为法国诗人阿波利奈尔的不少诗歌谱了曲。那一时期，捷克一大批青年诗人都拼命地阅读法国诗歌，尤其推崇阿波利奈尔。昆德拉也不例外。他在音乐领域所做的最得意的一件事是为钢琴、中提琴、单簧管和打击乐创作了一个乐曲，标题就叫《为四种乐器所作的乐曲》。

让人觉得蹊跷的是，他喜欢音乐，最终却没有朝音乐方向发展。捷克文学专家杨乐云先生在谈到此问题时，认为这或许同他对父亲的爱有关。昆德拉的父亲曾有机会到布拉格音乐学院当教授。但他却放弃了这个机会，回到自己心爱的故乡布尔诺。结果，才华多多少少被埋没了。昆德拉对父亲的爱中有一丝同情和怜悯的色彩。父亲温和、慈祥、谦卑，尽管音乐造诣深厚，却从不炫耀自己，没有一丝一毫的野心。后来，随着年龄的增长，他由于记忆力有所衰退，竟被取消了钢琴演奏的资格。这让昆德拉感到不公和愤怒。通过父亲，他接触到了音乐界的一些真实，同他的理想大相径庭。他曾如此坦言："我非常喜欢音乐，但是我一向不喜欢那个音乐环境，甚至在我还是少年时就不喜欢。音乐家们一般都不是很机智的人。音乐家们往往比较狭隘。我看到父亲在他们中间感到痛苦。每当想到我可能一生都只是与音乐家们在一起，我便不寒而栗。"

在迷恋音乐的同时，昆德拉还投入到了写诗的热情之中。出于对诗歌的爱好，出于内心的激情、困惑和思索，也同捷克当时的文化和社会环境有关。

捷克向来有喜爱抒情诗的传统。人民喜爱诗歌，喜爱所有杰出的诗人。许多作家都是首先通过诗歌登上文坛的。在布拉格北部的贝茨杰茨城堡附近，有一片清澈的湖水，捷克人称之为"马哈湖"。这是以捷克最伟大的浪漫主义诗人卡雷尔·希内克·马哈的名字命名的湖水，如今已成为著名风景区。马哈的代表作——抒情叙事诗《五月》在捷克家喻户晓，几乎人人都会背诵。

> 那儿一切都被黑影蒙住。
> 横的是黑暗，竖的也是黑暗；
> 唯一的永恒的真理就是黑暗。[1]

一种特殊的诗歌氛围，肯定也会影响到年轻的昆德拉，再加上祖国刚刚解放，共产党刚刚开始执政，万象更新的局面激发了"至少一大半人"心中的喜悦和热情。而且用昆德拉的话说，这一大半人又是民族中最优秀的分子。文学家、知识分子和热血青年尤其渴望表达。诗歌，直抵心灵，自然是最最理想的表达。如此环境中，既有艺术天赋又有政治热

---

[1] 引用蒋承俊先生译诗。

情的昆德拉，怎能不为之心动。再说，他对捷克当时诗歌存在的一些危险已有所察觉，极想发出一点不同的声音。

他的那位堂兄，诗人卢德维克·昆德拉又直接把他往诗歌道路上推了一把。堂兄是战时捷克一个超现实主义小组成员。这个小组中不仅有诗人，还有画家和雕塑家，全都赫赫有名。昆德拉对他们十分仰慕，但由于生性腼腆，未能与他们结识。有堂兄就可以了。在很长一段时间里，堂兄对他来说，就是文学的化身。堂兄也发现了昆德拉身上的艺术天赋，总是尽量为他创造各种机会。还将他引见给评论家格罗斯曼。昆德拉记忆中特别的一页：少年时的一天，堂兄忽然通知他，格罗斯曼想见见他。昆德拉激动不已。他独自乘火车从布尔诺前往布拉格，心里充满着朝圣的感觉，一路上都在想着与这位自己万分崇拜的大师见面时，该说些什么样的精辟话语，好给大师留下好的印象。格罗斯曼虽然名声显赫，却一点架子也没有，接待稚气未脱的昆德拉，就像接待一个朋友一样，还邀昆德拉与自己共进午餐。昆德拉感到无比的温暖。①正是在堂兄的影响和鼓动下，昆德拉有了最初的写诗冲动。

事实上，他不仅写诗，还译诗，主要是法国诗，并编辑诗歌年鉴。在他负责编辑的《一九五九年捷克斯洛伐克诗歌年鉴》中，他写道："诗歌是所有艺术的内在火焰。这一火焰

---

① 此处参考了杨乐云先生提供的材料。

以它最最纯粹的特性存在于抒情诗中。"在为捷克重要诗人维杰斯拉夫·奈兹瓦尔（1900—1958）的诗集所作的序言中，他赞美抒情诗的力量能够让世界变得更加美好，让人类变得更加善良和高贵。这些如今昆德拉不愿再读到的文字透露了一个秘密：从一开始，他非但不反对抒情，还十分肯定抒情的力量。只是到了后来，他才改变对抒情的态度的。他本人声称那是受到黑格尔的启发。黑格尔认为，抒情只能导向自我表达，而叙事可望表现客观世界。这或许也是他最终放弃诗歌写作的根本缘由。

昆德拉一共出版了三部诗集:《人：一座广阔的花园》（1953）、《最后的五月》（1955）和《独白》（1957）。虽然诗歌产量不算太高，但凭其品质，他当时已跻身于捷克战后时期最有才华的青年诗人的行列，被称为"捷克文坛一颗耀眼的新星"。他还是捷克"五月"派文学团体的重要成员。"五月"派是捷克一批有才华、有思想的青年诗人组成的文学团体，提倡让文学回到人们的日常生活中去，推崇西方文艺理论，具有强烈的反传统倾向。这同昆德拉身上一贯的叛逆精神正好吻合。

从昆德拉的第一本诗集《人：一座广阔的花园》中，人们就听到了不同的声音。这不同的声音让一些人感到欣喜，而让另一些人感到不满。欣喜者中就有捷克著名文学评论家扬·格罗斯曼。格罗斯曼读到昆德拉的诗后，立即撰文，给予高度评价。这一举动在当时的捷克诗坛，实在是难能可贵。当时的捷克文坛，教条主义盛行，一味赞美、不求个性的公式化诗歌到处泛滥。而昆德拉的诗歌却带有明显的超现实主义色彩和批判精神，并以冷静的、理性的目光透视人生、讽喻社会。据杨乐云先生介绍，诗集中有一首讽喻诗，题为《法拉桑城儿童浪漫曲》，矛头就直指当时的诗坛状况和社会风气。这首诗的内容大致如下：

一个孩子骑着一匹小马来到一座美丽得犹如甜奶饼的城市——法拉桑城，娶了那里的公主。这座城市有个奇怪的规定：人人只许欢欣，绝对不能忧伤。一只小狗，禁不住孤独，哀号了几声，便被投进了监狱。公主十分美丽，乐队为他们奏乐，市民为他们欢呼，一天接着一天，没有任何变化。孩子感到厌烦，对小马说道：这里老是欢呼，老是歌颂，老是万岁，我已腻烦透顶。与其如此生活，不如赶快逃走。可我已经结婚。丈夫能逃离妻子吗？小马善解人意，带他离开了这"甜蜜的天堂"。最后，孩子问他父亲：你常说世界有一天会像甜奶饼，它不会跟法拉桑城一样吧？

这样的诗，自然会触怒不少人。因此，诗集一经问世，批评的声浪也就接踵而至。这在某种程度上倒也提高了昆德拉的声誉。

《最后的五月》实际上是一首抒情叙事长诗。长诗的灵感来源于捷克民族英雄伏契克在纳粹监狱中写下的《绞刑架下的报告》。

尤利乌斯·伏契克（1903—1943）是捷克记者、评论家和报告文学作家。他出生于布拉格一个工人家庭。受家庭艺术氛围熏陶，从小喜爱文艺。曾在查理大学文学系学习。十八岁时，加入捷克共产党。德国占领期间，积极投身于反法西斯斗争。一九四二年四月，由于叛徒出卖，伏契克不幸被捕。后被德国法西斯处以绞刑。在盖世太保监狱里遭囚禁的四百多天里，面对种种酷刑，面对死亡的威胁，他在一个看守的帮助下，用铅笔头在碎纸片上写下了他最后的著作《绞刑架下的报告》。这部作品后来成为反法西斯的名篇，在世界范围流传。相信不少人至今还记得书中的名言："人们，我是爱你们的！你们可要警惕啊！"

昆德拉不止一次地读过《绞刑架下的报告》。阅读时所感到的震撼和冲击同他内心的激情和思索交织在一起，使他情不自禁地拿起笔。他在诗中着重写了伏契克的命运，以及他和纳粹监狱长波赫姆的较量。昆德拉自己表示，写此长诗是出于一种"叙事的冲动"。他在伏契克和波赫姆这两个形象上都下了不少功夫，深刻分析了他们的心理基础，因为这两人正好代表两个阵营，两个历史时期和历史前景。他有一个抱负，就是希望这首长诗能达到一个当代神话的水准。不管怎样，这首诗中已经显露出一些他特有的叙事特征和风格。

三部诗集中最受读者喜爱的要算《独白》了。出版后，竟然供不应求，又两次再版。诗集所收全都是三十行以内的爱情短诗。来看看昆德拉的爱情诗。

把我带走吧

把我带走吧，无论你去哪里，

无论是遥远的他乡，还是

屋前的这一片片田野，

我不会妨碍你的。不会的，

因为我不想那样。

我会让自己变得更小。为你。会吗？

我会变得没有形体。

我会变成一个小女孩，一条狗，

我会变得渺小，

仅仅成为你脖子上的围巾……

这是典型的爱情诗，单纯、生动、感人，意象独特，还稍稍有点凄楚。我们甚至不敢相信，冷峻的昆德拉居然也曾写出过如此柔软的诗行。因为，它同他后来的小说反差实在太大了。

不过，诗集中的大部分诗却呈现出爱情的另一番面貌。比如，《渴望睡眠》一诗中就有这样的句子：

我忘却了世界，我幸福地呼叫，

可你时时刻刻都在牵挂

怕我会错过最后一趟火车。

这样的诗行就有点昆德拉的特有味道了。一种清醒和认识。《独白》中的大多数爱情诗表达的都是爱的幻想的破灭，恋人间沟通的艰难，分离的悲哀和失落，以及对永恒的爱的怀疑。诗中描绘的基本上都是爱到尽头的情形。有些诗甚至还写到了死亡。昆德拉后来小说中的怀疑精神和反抒情性在这些诗中已初见端倪。

即便在今天看来，这些诗也还有一定的阅读价值。就连昆德拉本人也承认他的有些诗作还是有点意思的。昆德拉原本完全可能在诗歌上展现一番才华的。可他却一点都不喜欢自己的诗，觉得自己根本没有诗歌天赋。加上他的诗不断受到批判，他对诗歌的信心和热情就渐渐减弱了。他越来越不喜欢"诗人"这个称号，觉得这一称号加在他头上活像一个嘲讽。甚至在和朋友聚会或参加其他活动时，他也死活都不承认自己就是诗人昆德拉。一九五七年，准确地说，也就是在他二十八岁生日前后，正当他的诗集《独白》引起公众强烈的兴趣时，他突然厌恶起自己的诗来，决定再也不写诗了。当"诗歌突然彻底、干净地从我心头滑落"时，他感到"松了一口气"。他就这样永远告别了诗歌写作。

昆德拉告别诗歌写作，极有可能同他心中隐隐的追求和抱负有关。他发现诗歌天地太小，太局限，难以实现他心中的更为宏伟的抱负。但他的宏伟抱负究竟是什么，他当时也不十分清楚。他还要继续寻找。

一九五六年，捷克的政治和社会环境有所宽松，昆德拉自动恢复了党籍。两年后，他完成了在布拉格电影学院的学业，留校当了名老师，教授世界文学。虽然他本人的举止有点古怪，不太合群，但总体上说，他在电影学院度过的十多年是愉快的，自由的。几十年后，当昆德拉回忆起那段岁月时，居然还清晰地记得一个有点喜剧意味的细节：在教员会议上，他和一个朋友总是盯视一个五十来岁的同事，那是个作家，因为他们认定这位同事内心懦弱至极。他们一边盯着，一边还幻想着这样一个情景：就在会议当中，突然对他大吼一声，命令他当众跪下，然后看他如何反应。他们不厌其烦，竟然每天玩着这一恶作剧，从中得到了无限的快乐。

留校后不久，昆德拉开始大量阅读理论书籍，并继续大学期间就已开始写作的《小说的艺术》一书。从二十五岁开始，至二十七岁完成，差不多花了两年时间。写作此书的直接动机是获得教师资格，也有教学方面的需要，同时还为了解决文学实践中的一些困惑。书的副标题"弗拉迪斯拉夫·万丘拉走向伟大史诗之路"明白地泄露了该书的内容。一本探究捷克作家万丘拉的书。

弗拉迪斯拉夫·万丘拉（1891—1942），两次大战间捷克重要的小说家和剧作家。他毕业于医学院，当过一段时间医生，后专门从事文学创作和电影工作。捷克文学史上重要的文学社团"旋覆花"社就是他提议创立的。有《无常的夏天》《玛尔盖达·拉萨罗娃》《三条河》等小说。《无常的夏天》

还被拍成了电影。他的作品具有强烈的先锋性和现代性。德国占领期间，他以捷共党员身份积极参加反法西斯斗争。最后，被德国法西斯杀害。在捷克散文作家中，昆德拉最最推崇万丘拉了，几乎细读过他的所有作品，极为佩服他在文学创作中的探索精神和勇气，赞扬他"在捷克史诗散文中，在唤出客体世界、富有诗意地把握我们周围的主题方面"是"一位艺术大师，没有人能超过他"。

实际上，昆德拉更多地想通过谈论自己崇拜的作家来表明自己的美学倾向、艺术视野和独特见解。但他一再谦虚地强调，这只是他以一个文学实践者的身份所谈的一些粗浅的想法。在书的前言中，昆德拉特意写道："我害怕为那些不成熟的、不断呼唤进一步思考的想法负责。可是，有哪个想法不在呼唤呢？想法，只要是想法，就永远是开放的。它犹如一匹飞奔的马，不跑到终点是勒不住的。早晚它要把我们从鞍子上甩下来，别的骑手将跨上去。"

《小说的艺术》于一九六〇年出版。一九六四年获得捷克斯洛伐克国家奖。尽管如此，昆德拉后来始终把此书当作一份"学校作业"。"作为'学校作业'，它很优秀。"他曾如此说。言外之意十分清楚：一部不够成熟的作品。

几十年后，昆德拉果真否决了此书，不准再版。有意思的是，移居法国近十年后，他把多年发表的有关小说创作的文章、演讲词和谈话录汇集成册出版，同样取名《小说的艺术》。昆德拉对记者露易丝·奥朋海姆透露了自己的想法："我之所以保留《小说的艺术》这个标题，还有一个个人的，近乎感情上的原因：我二十七八岁时，曾写过一本书，论述一位我非常关注的捷克小说家：弗拉迪斯拉夫·万丘拉。这本书既值得喜爱（多亏了万丘拉），同时又不太成熟，以后再也不会重印了。我想至少保留标题，作为对往昔的纪念。"

寻找在继续。就在完成专著《小说的艺术》后，昆德拉的笔触几乎立马伸向了戏剧。他在自己的祖国先后写过三个剧本。《钥匙的主人们》是他的第一次戏剧尝试。

《钥匙的主人们》手法并不新颖，剧情也十分平常。德国占领期间，年轻的捷共党员伊西·内卡什为了躲避法西斯的疯狂围击，来到一个偏远地区，同一个漂亮却肤浅的姑娘阿琳娜成了家。婚后，他住在妻子娘家，和岳父岳母共同生活。日子过得平静又单调。一天早晨，伊西接到一个神秘的电话后，匆匆出门了。阿琳娜迷恋芭蕾，一心想成为芭蕾舞演员，那天将去参加一场芭蕾舞考试。但她正要出门时，发现门已被锁上，家里的两把钥匙竟然都被伊西带走了。阿琳娜就这样错过了一次改变自己命运的机会，心里自然恼怒万分。岳父岳母也对女婿这一举动表示不满。没过多久，伊西回来了。全家人一起盘问起他来。电话是谁打来的？为何要带走两把钥匙？伊西的回答无法让他们相信。岳母一口咬定所有这一切都是伊西精心策划的，目的就是出于嫉妒阻拦阿琳娜去当芭蕾舞演员。而岳父声称他才是钥匙的主人，坚持要收回那两把钥匙。正在他们争执不休时，来了一位不速之客，名叫维拉，是伊西昔日的战友和情人。她出来执行任务，但到处都是纳粹军警，不得已只好到伊西这里来躲避一下。没想到，居民楼的门房，一个告密者，发现了维拉的可疑之处。就在他即将采取行动时，伊西打死了他，并将尸体藏在了床底下。无奈之下，伊西只好与维拉离开此地，重返反法西斯前线。

《钥匙的主人们》于一九六二年四月二十九日在布拉格民族剧院首次上演，获得巨大成功。随后，剧组又在捷克斯洛伐克的几乎所有大城市巡回演出。紧接着，又被邀请到法国、德国、匈牙利和苏联等国家演出。剧本很快被译成了德文、法文、俄文、匈文等多种文字，光苏联就有两个译本。昆德拉本人还专门出席了该剧在莫斯科的首演式。在首演式上，他表示很高兴莫斯科的观众喜欢这出戏，还赞扬了演员们的精彩表演。总之，在二十世纪六十年代，《钥匙的主人们》可以说是红遍了整个东欧。

《钥匙的主人们》在捷克获得轰动的同时，也引发了一些争论。争论主要是围绕该戏的道德层面进行的。有评论者指责作者有反人道主义倾向，剧中的男主人公不该在草率杀人后，一走了之，让阿琳娜一家在毫不知情的情况下去遭受灭顶之灾。也有评论者反驳说，伊西完全是在迫不得已的情况下才杀人的。在他杀死告密者后，实际上，已无任何控制局面的能力了。也就是说，他已成为局面的奴隶。昆德拉本人在回答对他的指责时，说道：

"我是作者，并非法官。在戏中，并非我要判处他们死刑的。倘若我觉得这些人该被杀死的话，那么我就该进疯人院了。这些人为一些鸡毛蒜皮的事争吵不休，他们没有意识到，在历史进程中，另一些命运攸关的事情正在发生。倘若他们从单调的日常生活迈进历史的危急局面，而又没有意识到周围所发生的一切，他们必然会死得不明不白。这并非作者的恶意，而是自然规律。"

许多年后，情随事迁，又有评论者认为，这部戏除去语言的生动和对话的幽默之外，并没有什么特别之处。许多地方仍没有摆脱传统的框架，甚至还有明显的社会主义现实主义的色彩。这些话只说出了部分真实。公允地说，昆德拉当时写作此戏，无论在形式上，还是在思想上，都是有自己的追求的。在形式上，他特意引进了一些音乐元素。整个戏的结构十分精巧，犹如双声部的赋格曲。在思想上，他绝对没有任何廉价赞美的意图。而是想说明人在历史中的荒唐、可怜和无能。他们自以为是钥匙的主人，自以为掌握着自己的命运，实际上在历史的格局中根本不堪一击。在当时的环境中，能有这样的悟性，已经很了不起了。

此剧上演两年后，当昆德拉有机会接触到法国荒诞派大师欧仁·尤内斯库的剧作时，惊喜不已。这正是他梦想中的戏剧。他坦率地对记者说对所谓的新小说并不太在乎，而荒诞剧，尤其是尤内斯库的荒诞剧，才是他的真正所爱。

看过尤内斯库的剧作后，昆德拉本人发现了《钥匙的主人们》的许多毛病。他觉得他犯的最大的错误就是将故事置于德国占领这一具体的历史环境中。因为这一历史环境已形成一道坚固的政治和道德栅栏，一般很难冲破。后来，昆德拉同样把《钥匙的主人们》当作了不成熟之作，再也不让它上演。

就这样，在三十岁之前，昆德拉在音乐、绘画、电影、诗歌、理论、戏剧等艺术领域中逐一摸索了一遍。音乐家昆德拉、画家昆德拉、诗人昆德拉、理论家昆德拉、剧作家昆德拉，这些称号，昆德拉还是当之无愧的。

但昆德拉毫不满足。所有的早期作品他都不满意。他依然把所有这些当作一种摸索、一种练习、一种准备。漫长的摸索和准备，为了心中一个朦胧的方向。

几十年后，昆德拉正式宣布他所有这些早期的文学作品为"不成熟之作"，不准任何出版社再次出版，将它们永远打入了冷宫。今天，即便是研究者也很难看到它们了。

五、《可笑的爱》：找到自己的方向

对于昆德拉来说，一九五八年是个具有实质意义的年头。那时，他正在埋头写作《钥匙的主人们》，一部耗费了他两年时间的剧作，已经有疲惫的感觉。纯粹是为了放松一下自己的神经，在写剧的间隙，他决定写个短篇小说玩玩。也就花了一两天时间，他就写出了《我，悲哀的上帝》。这是他生平写出的第一篇小说。和小说的第一次亲近，昆德拉感到无比的愉快和轻松。他惊喜地意识到，这个他随随便便写出的小说，绝不比许多正儿八经的小说家的作品差。这说明他有写小说的天赋，这说明他可以成为小说家，心中朦胧的目标一下子清晰了。昆德拉自己坦白，那一时期，出于对一切抒情的警惕，他深深渴望的唯一的东西就是清醒的、觉悟的目光。终于，他在小说艺术中发现了它。因此，对他来说，成为小说家的意义不仅在于可以实践一种文学体裁，更为重要的是"这也是一种态度、一种睿智、一种立场"。成为小说家也是他十多年探寻的结果。"我曾在艺术领域四处摸索，终于找到了自己的方向。"他的兴奋溢于言表。一个重要的关头就这样来临：从此，他踏上了小说创作之路。

一发而不可收。写完一篇后，他又陆陆续续写出第二篇，第三篇，第四篇……一共写了十篇。从第一篇到最后一篇，时间跨度整整十年。这些短篇小说以《可笑的爱》这一总标题分三册出版。第一册副标题为《忧伤逸事三则》，收入三篇：《我，悲哀的上帝》《我妹妹的小妹妹》和《没人会笑》，于一九六三年出版，极受读者喜爱。昆德拉感到振奋和鼓舞，两年后，又推出《可笑的爱》第二册，同样收入三篇：《永恒欲望的金苹果》《使者》和《搭车游戏》。《可笑的爱》第三册于一九六八年与读者见面。这一回，收入四篇：《先死者得为后死者让地》《座谈会》《爱德华和上帝》以及《哈维尔大夫十年之后》。

在十个短篇全部出版后，昆德拉又细读了一遍，删除了自己不太满意的《我妹妹的小妹妹》和《使者》，将三册合成一个集子，于一九七〇年出版。同年，法国伽利玛出版社准备出版法文版《可笑的爱》时，他又在即将寄回校样的那一刻，抽掉了《我，悲哀的上帝》。这样，最终亮相的《可笑的爱》就剩下了七篇，用昆德拉本人的话说，更像一个和谐、统一的整体。这也就是我们现在看到的正式版本。

我们现在就来打量一下《可笑的爱》中的七个短篇吧。

《搭车游戏》

一对年轻的恋人开车去度假。他们没有名字，在小说中就叫姑娘和小伙子。姑娘，二十二岁，"总是在还未搞清楚自己怎么会害羞时就已经害羞了"。她常常为自己的肉体感到忧虑，难以接受灵和肉的分离。唯有灵与肉的统一才能给她幸福感。然而恰恰在这种幸福感的背后潜隐着猜疑和羡慕。她猜测，别的女人，那些从不害羞的女人，更有吸引力和诱惑力。而比她大六岁的男友非常熟悉这类女人，对此他毫不隐瞒。猜测和担忧过后，姑娘转而羡慕起那些女人来了。这是度假的第一天，姑娘心情不错，没有平时的忧虑和沉重。她决定扮演一下搭车女郎，体味一番她性格中所缺少的轻佻和放荡。兴许偶尔这样，更能抓住男友的心。

每当看到姑娘心情愉快，小伙子总是很高兴。只要姑娘喜欢，他很乐意扮演陌生司机的角色，同她开始一场搭车游戏。

小伙子对姑娘说起奉承和挑逗的话语。姑娘不禁生出嫉妒之情，但转念一想，那只是陌生司机对搭车女郎的正常表现。她于是以挑衅的口吻回敬道："我倒想知道你将如何对待我？"

"我不用多费脑筋就知道如何对待这么一位漂亮女人。"

小伙子献殷勤地说。说完，他看了看姑娘，发现她那张充满敌意的脸完全扭曲了。他为她感到难过，一把搂住她的肩膀，想借此结束这场游戏。可姑娘挣脱开来："你未免太性急点儿了吧！"

小伙子希望姑娘停止游戏，恢复自我。可姑娘不愿听从，断然拒绝。对此他十分恼火。既然姑娘执意要继续扮演自己的角色，他就将怒火转向了这个陌生的搭车女郎。他顿时换了一副粗暴的面孔：专横独断、讽刺挖苦、自以为是。

这倒挺合姑娘的心意。一旦平时那张熟悉的面孔消失，她的嫉妒心也就随之消退了。这样，她便可以忘却自我，完全进入角色。

搭车游戏一下子加快了一档。他们甚至改变了方向，来到一个原先没有打算抵达的地方。

在餐厅里，看到自己的女友如此娴熟地变成了一个淫荡的女人，小伙子越来越恼火。既然她能做得如此熟练，这就意味着她就是这样的女人，小伙子想。他望着她，感觉一种厌恶的情绪在增长。游戏在悄悄地改变性质。

回到房间，小伙子向姑娘转过身来，试图重新找回原先那个他所爱的姑娘的形象。可眼前的她却一副淫荡的样子，活像一个妓女。她究竟是妓女，还是自己的女友？或者，自己的女友就是妓女？游戏和真实融为一体。他要羞辱她，不是羞辱那个搭车女郎，而是羞辱自己的女友。他在付完钱后，让姑娘脱光衣服。当姑娘赤身裸体站在他面前时，一个想法掠过她的脑海：整个游戏这会儿该结束了。既然她已脱光衣服，她也就脱去了伪装。赤身裸体意味着她此刻恢复了自我。小伙子就该走到她跟前，用一个手势抹去一切，然后开始他们甜蜜的做爱。

然而，小伙子没有走到她跟前，也没有注意到姑娘脸上重新露出的那种熟悉的微笑。他命令她爬上桌子。姑娘此时已不知如何继续玩这场游戏了。她眼泪汪汪地爬上桌子，一丝不挂地伫立在小伙子的面前。

小伙子变得粗俗、淫荡，从各个角度盯看姑娘的裸体，不断让她变换姿势，还满口说着她从未听他说过的下流话。姑娘想拒绝，想让他停止，可立即遭到他的厉声呵斥。最后，他一把将她拽到床上。

一切过去了。小伙子关闭了电灯，在黑暗中躺着，同姑娘隔开一定的距离。过了一会儿，他听见姑娘在哭泣。她喊着他的名字，一遍又一遍地说："我是我，我是我，我是我……"

昆德拉没有给小说中的男女主人公具体的名字，一定是想要表达某种普遍性。人有时往往会下意识地寻找自己没有的东西，寻找某种变化。这既出于好奇，出于心理平衡，也是对日常的反动。小说中的姑娘就是这样。平时害羞、多虑的她内心也想偶尔改变一下自己，也想尝尝放荡的滋味，哪怕是以游戏的形式。没想到，一场游戏最后竟走向了它的反面。世事往往这样，常常出人意料。任何设计和预想都不堪一击。我们无法把握事物的进程。最庄重的可能会变成最可笑的。最纯真的可能会变成最荒唐的。最严肃的可能会变成最滑稽的。关键是那道边界。可谁也不清楚边界到底在哪里。正如昆德拉本人所说的那样："只需小小的一步，极小极小的一步，一个人就能越过边界，在那一边一切便失去了意义：爱情、信念、信仰、历史。人类生活——其秘密就在于此——与那道边界靠得极近，甚至直接碰到了它，因为并不是几英里之遥，而只是一英尺之隔。"此外，昆德拉还想通过这个故事告诉我们自我的重要。自我一旦丢弃，哪怕暂时丢弃，都有可能产生悲剧性的后果。看得出来，起码在写此短篇时，昆德拉依然保持着一种乐观的姿态，那就是对自我的充分肯定。

《先死者得为后死者让地》

这是捷克的一座小镇。他正走在回家的路上。一个女人微笑着朝他走来。直到最后一刻，他才认出她来。他们已整整十五年没有见面了。

他问她有什么安排。她说没有，只等着坐夜班列车回布拉格。他便邀请她去他的单身公寓叙谈叙谈。

二十五年前，她曾和丈夫在此住过一段时间。然后，他们就搬到了布拉格。十年前，她丈夫去世了。她按照他的遗愿，将他安葬在这里。她为墓地预付了十年租金。一晃十年已过。她这次来，就是为了续租。可到了公墓，她却发现丈夫的墓碑已被另一座墓碑取代。公墓管理处的人告诉她，租期一到，墓地也就取消了。理由是：空间有限，先死者得为后死者让地。她感到愤怒和悲哀，不知如何向儿子解释此事。

他刚满三十五岁，感觉青春正在消逝。他结过婚，又离了。生活缺乏女人和激情。就在这时，她出现在他的面前。他十五年前，曾疯狂地爱过她。她比他大整整十五岁，如今几乎成了老太婆了。丈夫死后，为了儿子，她一直过着清心寡欲的生活。因为，儿子不能接受她身上散发出的任何青春气息。她屈从了，并相信自己的生命之美恰恰存在于这一点：悄悄淡入另一个生命的阴影之中。

他们一边喝着咖啡，一边聊着。他问她是否想来点白兰地。她用手势拒绝喝白兰地的建议时，他看见了那优雅的动作，意识到曾令他心醉神迷的那种妩媚，那种魔力，那种雅致依然如故，依然楚楚动人。一种混杂着同情的欲望在他心中油然而生。他对她讲述起当时爱她的情景，讲述起他们的幽会。忽然，他一把抓住了她的手。

当她来到他的公寓时，没有料到会出现如此的亲密场面。他将她从扶手椅上拉到长沙发上，抚摩起她的全身。她感到难以名状的舒服。她重又感到了自己的存在，重又恢复了一位情场经验十分丰富的女人的自信心。

她儿子此刻离她无限遥远。当他抓住她时，她在心灵的一角看见了向她发出危险警告的男孩，但他很快就没影儿了。眼下只剩下这个正在抚摩她、拥抱她的男人。可当他把自己的嘴唇贴在她的嘴唇上，试图用舌头打开她的嘴巴时，一切突然颠倒了过来：她醒了。她使劲咬紧牙齿，轻轻将他推开。

他继续坚持着。她提醒他她已经老了。如果他们俩做爱的话，他会对她感到厌恶的，而这又会令她沮丧。

他尽力让她相信，她依然很美。他搂住她的双肩，深情地凝望着她："别拒绝我。拒绝我是荒唐的。"

她摇着头，但动作相当机械。她仿佛看到了自己年轻时的面容，显现在了敌人似的儿子的脸上。她越是恨她的儿子，就越是感到渺小，也就越是觉得屈辱。就在这时，从她杂乱无章的记忆中忽然冒出了那句话。她怒气冲冲地将它甩给了儿子：先死者得为后死者让地，我的孩子！

她要求独自待一会儿。最后，她的脸上终于露出了笑容。

"你说得对，我为何要拒绝你呢？"她轻轻地说道，开始慢慢解开自己的衣服。夜还长着哩。

依然只有两个人物。依然是一男一女。依然没有名姓。这是一篇很单纯的小说，叙述从容，层次分明，表面上讲的虽然是诱惑和反诱惑，却有一种令人窒息的压抑、沉重和空荡。它涉及时间的易逝，涉及衰老，涉及生命的脆弱。他，三十五岁。她，五十岁。他和她十五年前曾有过一次肉体的邂逅。他们再度相遇，宛如命运的安排。尽管岁月在她的面容上留下了痕迹，可他依然看出了她所特有的妩媚和优雅，依然对她有难以阻挡的欲望。当然啰，他的欲望中还有一丝回味美好过去的色彩。他开始抚摩她，拥抱她，渴望和她做爱。但她拒绝了，理由恰恰是两个并不在场的人：儿子和早已死去的丈夫。他和她争辩。他为她讲述了十五年前那次幽会的种种细节。他让她相信，她依然美丽，依然有独特的魅力。诱惑在继续。忽然，她想起了公墓管理者说的那句话：先死者得为后死者让地。这句耐人寻味的话终于让她开了窍。她要借欲望抗衡衰老和死亡，恢复做女人的自信；要借欲望对十多年的肉体压抑进行清算；还要借欲望对无形中一直在束缚她的儿子和先夫进行复仇。而他也渴望在肉体之爱中寻找想象中的完美。如此，一篇原本很单纯的情爱小说就变得异常多义，并具有了形而上的意味。

《没人会笑》

我刚刚收到一家视觉艺术杂志寄来的稿费。与此同时，还收到了一封信。寄信人名叫查图雷茨基。他请求我为他的一篇文章写些评价文字。我读起了他的文章，觉得毫无价值。《视觉艺术》杂志的编辑卡娄塞克也打来电话，让我对查图雷茨基先生留点神儿。

我给查图雷茨基先生回了封信，表示不太适合出面为他写评价文章，顺便说了些友好的客套话。我把信一投进邮筒，就忘了他。可他并没有忘记我。

一天，我正要结束讲课，秘书告诉我有位先生要见我。来人正是查图雷茨基先生。寒暄了一番之后，他又提到了那篇评价文章。我明白我是不会写的，可又没有勇气当着他的面说出口来。于是，我只好堆起笑脸，含含糊糊地答应了一声。

过了两三天，他又来了，我巧妙地躲开了他。可第二天，我听说他又在学校里满处找我哩！我只好请求秘书玛丽的援助。

查图雷茨基先生再次找上门来时，玛丽说我去德国了，要过一个月回来。我得到了一个月的安宁。可一个月刚过，查图雷茨基先生重又站在了学校办公室里。玛丽只好又编了个谎，说我在耶拿住院了。查图雷茨基先生大叫："可他答应要为我写篇评论的！"

两个星期后，他又露面了，声称往耶拿发了封信，被退了回来。玛丽被迫无奈，告诉他我已回来。"眼下，你就自己对付他吧。"玛丽对我说。

查图雷茨基先生依然隔三岔五地来找我。每回，我都巧妙地躲了过去。终于，他耐不住性子了，闯进办公室，索要我的地址。玛丽一下子慌了神，竟把我的地址告诉了他。这下，我可在劫难逃了。

我在布拉格有一间小小的阁楼。平时，我的情人克拉拉也会来住。克拉拉长得很漂亮。我真喜欢她。我不想让人知道她正和我同居，所以吩咐她不得为任何人开门。

一天，克拉拉独自待在屋里，忽然听到了一阵猛烈的敲门声。起初，克拉拉没有理睬。可敲门声越来越响，越来越执着。克拉拉打开了房门。出现在她面前的是一个彬彬有礼的小个子男人。见我不在，他留了张字条。又是查图雷茨基先生。他在便条上说正以极为恭敬的心情期待着我的评论哩。

玛丽将查图雷茨基先生如何威胁她、如何去告她的事一五一十地告诉了我。她的声音颤抖，眼泪都快掉出来了。我顿时火冒三丈。就在这时，门突然开了。查图雷茨基先生出现在我们面前。我匆匆想了个对付他的计策。我表示在他骚扰了我的女朋友后，绝不可能再给他写评论了。"这是诬陷。"他说完，摇摇晃晃地走了出去。"这下好了。"我松了口气，就像一位将军打赢了一场硬仗似的。

我太天真了。几天之后，我们在信箱里发现了一张没写地址的信。是查图雷茨基先生的夫人寄来的。她要求克拉拉到她家去讲讲侮辱她丈夫的事情。克拉拉吓坏了，骂我太缺德。从门房处，我们也了解到，有对夫妇在打听克拉拉的情况。

星期五，克拉拉下班回来时，浑身颤抖。查图雷茨基夫人居然找到了她的单位。我明白形势十分严峻了。

地方委员会通知我开会。委员们个个阴沉着脸。他们给我罗列了许多罪名并要求我说出和我同居的女人的名字。我死活不说。"要是你不说的话，警察会查出来的。"他们威胁道。

我脚下的地面正在下陷。我处处都能感觉到一种恶毒的气氛。最后，我将不得不离开学校。就连我心爱的女人克拉拉也认为我道德有问题同我分了手。

这篇小说显示了昆德拉高超的叙事技巧。作品用第一人称叙述，有一种更加逼真的效果。我，就因为一件自己都没当回事的小事，竟陷入各种尴尬的境地：东躲西藏，隐私暴露，被地方委员会批判，丢掉教职，最后失去情人。作者调动起了强大的叙事动力，将一个情节推向另一个情节，使得整个小说具有曲折变幻、峰回路转的奇特魅力。而故事主题也正是在情节的发展变化中，一层层显露出来的。作者试图传递这样一个信息：生活中实际上处处都是圈套。生活时时都会和我们开各种各样的玩笑。一不小心，个人就会成为生活的玩偶。只是幼稚的人意识不到罢了。从这一意义上来看，有时，生活中的悲剧本质上更像喜剧。这一主题在昆德拉后来的成名作《玩笑》中得到了更加充分的展开。

《永恒欲望的金苹果》

我的朋友马丁有这样的本事：能在随便哪条街上拦截随便哪个女人。我也喜欢女人，可偏偏不具备他那样的胆量。

一天，下班后，我在一家咖啡馆等候马丁。我一边等着，一边翻着一本厚厚的德文书，是关于古伊特拉斯坎文化的。我好不容易才借到这本书。

马丁向我走来的时候，冲着另一张桌子打着意味深长的手势。原来有个姑娘正坐在那里哩。没过多久，姑娘准备结账。马丁立即决定，我们也结账。正在姑娘付钱的时候，马丁夺过我手中的书，放进了姑娘的包里。姑娘一下子目瞪口呆。在马丁的提醒下，我帮姑娘拎起了包。

姑娘是外省一家医院的护士，来布拉格观光。在陪姑娘走向车站的路上，我们和她说好星期六去B城看她。姑娘想把书还给我，被马丁制止了。"星期六，我们会来取的。"他说。

星期六下午两点，我们开着车出发了。时值七月，天气热得要命。马丁有个理论：勾引姑娘并不难，难的是随时认识足够多的尚未勾引到手的姑娘。他宣称，无论何时何地，我们都要不失时机地进行广泛的登记，也就是将那些漂亮女人的名字和地址记录下来。说不定哪天就可以和她们联络。

一个多小时后，我们抵达 B 城医院。我们从传达室给女护士打了个电话。不一会儿，她出来了。姑娘告诉我们她七点下班，让我们到时在医院门前等候她和她的小姐妹。

走出医院大门后，马丁觉得一切都很称心如意。不过，他又说他答应过自己的妻子晚上九点前得赶回家里。我大吃一惊："九点前？这就意味着八点我们就得离开这里。那么，我们到这里来真是莫名其妙。我原本还指望着欢乐通宵哩！"

"打起精神来，"马丁说，"到七点还有三个小时。我们不会闲着。"

我们找到了一间标有咖啡字样的房屋，要了点喝的，并在里面聊了起来。就在这时，一位身穿灯芯绒紧身裤的姑娘走了进来，正好坐在我们旁边。她长得相当漂亮。马丁在短短的几分钟里就说服姑娘陪同我们去五英里外的一片湖里游泳。不过，姑娘先要处理一些事，还要去拿游泳衣。她让我们一个小时后在同一地点等她。我们乐坏了。

我们来到了公园。忽然，一位白衣少女向我们走来。她具有一种特殊的魅力，形象中洋溢着某种纯洁和温柔的气息。马丁一下子蹿了上去："小姐，我是杰什尼导演。你得帮我们一把。"

马丁告诉姑娘他正在为一部片子找外景地，随后又天花乱坠地描述了一番他将要拍摄的影片。马丁希望姑娘能当我们的导游。姑娘最后答应把手里拎的菜送回家后就来找我们。

　　然而一刻钟过去了，那个女孩还是没影儿。在此期间，与那位穿灯芯绒裤的姑娘的约会时间过去了。我们一心一意盼着那个白衣少女。最后，我忽然醒悟：姑娘根本就不会来了。原因很简单：她回到家，对父母一五一十地讲了导演和影片的事。而她的父母一听就知道是骗局。

　　一晃已经六点半了，我们还一无所获。我的心中充满了悲哀。我突然意识到：对于马丁来说，在年复一年的对女性的追逐中，已经不是什么女人的问题，而更多的是追逐本身的问题。马丁已然达到了绝对追逐的境地。他企图为自己保持这样的幻想：一切均未改变，可爱的青春喜剧正在继续上演。女人的迷宫永无止境，他依然在这一迷宫中自由驰骋。

　　等到七点一刻，女护士和她的小姐妹才露面。可是在不到一个小时的时间里，我们又能做些什么呢？什么也干不成了。我决定踩上油门，打道回府。

　　一个用喜剧笔调写出的故事，却让人觉出了一丝悲剧意味。小说的主人公是马丁，"我"实际上既是他行动的合谋者，也是他的精神阐释者。或者，我们可以说，马丁是行动者，"我"是观察者和反思者。故事极简单，甚至简单得有点幼稚。马丁总是一刻不停地在追逐女人，但他的追逐从来没有结果。他似乎也从不在意结果。这是一种绝对追逐、一种情爱游戏、一种自我欺骗，也是一种幻觉。问题是马丁没有意识到这一点，追逐本身让他始终保持着一种可笑但又可爱的精神状态，你很难说这种状态是好还是坏。昆德拉实际上写的是现代唐璜，他们是一类人。

《座谈会》

哈维尔大夫和阿兹贝塔护士正坐在值班室里。他们在值夜班。主任医生和一个女大夫也没回去。整个医院都知道他俩勾勾搭搭。此外，还有一位实习医生费莱什曼，年纪最轻，刚被打发去弄一瓶酒。这是夏日的夜晚。大家兴致勃勃，海阔天空，气氛十分安适。

过了一会儿，气氛有点紧张。阿兹贝塔显然喝多了，开始挑逗哈维尔。哈维尔极为反感，对她大加痛骂，以示警告。

阿兹贝塔噘着嘴离开值班室。主任医生责备哈维尔不该将阿兹贝塔拒之门外。主任医生说，性欲并不仅仅是对肉体的欲望，同样也是对荣誉的欲望。

就在这时，费莱什曼拿来一瓶酒。哈维尔告诉大家，阿兹贝塔其实对费莱什曼一片痴心，可费莱什曼并不知道。他真正喜欢的是女大夫，觉得她魅力无穷，正在设法勾引她呢。女大夫站起身来，走到窗前，说道："夜色多美啊。"说完向费莱什曼投来飞快的一瞥。小伙子把这看作一个信号，悄悄地离开了值班室，来到了花园。他在等待女大夫。终于，他听见了脚步声。"我知道你会来的。"小伙子轻柔地说。

答话的却是主任医生。他喜欢在自然中撒尿。主任医生问费莱什曼是否在赏月。小伙子沉默不语。当他们俩回到值班室时，阿兹贝塔正在屋子中央扭动着屁股。她想为大家表演一段脱衣舞。"该打住了。"哈维尔大夫厉声说道。可她继续跳着。忽然，她浑身松弛，坐到了哈维尔的腿上。哈维尔将她从腿上挪开，到药房去取了些安眠药，递给阿兹贝塔两片。阿兹贝塔吞下药片，气鼓鼓地走了出去。

哈维尔大夫发表了一通长篇大论。他说：唐璜是一个伟大的征服者。但在一个无人拒绝的年代，你又如何成为一个征服者。唐璜的后代不再征服，仅仅收集。唐璜是主人，而收集者是奴隶。唐璜的时代已经一去不复返了。

女大夫嘲笑哈维尔是个老骗子。费莱什曼听后哈哈大笑。他断定女大夫只在乎他。于是朝女大夫扫了一眼，又走了出去。他想，这一次的约会准保成功。他刚要伸手去推通向花园的门，一股呛人的煤气味扑鼻而来。煤气味正是从护士房间散发出来的。费莱什曼一下子陷入恐慌之中。他推开门，走了进去。只见一个巨大的、裸露的女人身体躺在沙发上。他迅速关上煤气阀门并打开了窗子。然后，他冲进走廊，大喊了起来。经过紧张抢救，阿兹贝塔得救了。

费莱什曼感到十分内疚。阿兹贝塔爱他，他对此竟毫不在意。他险些害了一条性命。从此以后，他准备一心一意地爱阿兹贝塔。主任医生则指责哈维尔大夫铁石心肠，导致了这场悲剧。哈维尔辩解说：实际上，谁都不想和她上床。而女大夫断定，阿兹贝塔根本没有自杀企图。

早晨来临。费莱什曼手执几朵鲜花，来到阿兹贝塔的病床前，为她诊脉。

"你不该干这样的傻事，我的女孩。"他说。

"当然啰，"阿兹贝塔说，"但我睡着了。我在咖啡壶里灌上水，就像傻瓜似的睡着了。"

费莱什曼抚摩着她的脸庞，温柔地说："你不该说谎，我什么都明白。"

阿兹贝塔感到莫名其妙，但她的脸上立即绽出了笑容，充满了幸福和希望。

这是一场座谈会。有固定的地点、时间和人物。五个人物，五个层面，五种姿态。哈维尔：反唐璜式人物。阿兹贝塔：性压抑的化身。主任医生：老于世故。女大夫：内心精明。费莱什曼：自恋，幻觉，又有点单纯。他们坐在一起，就是一个场。既是文学场，也是情爱场。他们讨论的是情爱。可涉及的主题却要多得多：性欲，性欲心理，荣誉，自由，罪责，爱情，自恋，勾引，崇高，欺骗，友谊，自杀，等等。人物虽是固定的，但位置却是变动的。哈维尔和阿兹贝塔，主任医生和女大夫，费莱什曼和女大夫，费莱什曼和阿兹贝塔，女大夫和哈维尔。每一次变化都像一次颠覆，对故事的颠覆，对主题的颠覆，同时又增添了曲折性和可读性。一般意义上的座谈会是静态的。可昆德拉笔下的座谈会却是动态的。座谈会进行的时候，也正是好几个微妙的故事开展的时刻。其中，最主要的一个故事，也就是护士阿兹贝塔所谓"自杀"的故事让整个小说获得了一种荒唐好笑的喜剧和闹剧意味。其实，这就是这篇小说的基调。昆德拉要告诉我们的也正是这一点：荒谬是世界真正的结局。

《哈维尔大夫十年后》

哈维尔大夫即将到一个温泉疗养院接受治疗。三个星期的离别，让他美丽的妻子内心充满了嫉妒和痛苦。一般人都很难理解，一个年轻貌美的女演员会嫉妒他这么一个上了年纪的绅士。就连哈维尔本人也时常感到迷惑。

刚到疗养院时，哈维尔感觉并不好。他散步时，遇到漂亮女人，居然没有欲望。他发现自己老了。唯一让他感到亲切的是弗兰西斯卡大夫，她为他注射，量血压，做胃穿刺，还陪他聊聊天。

第二天，他感觉好多了。胆囊也不太疼了。而且，看到女人，竟然稍稍有点欲望了。可让他沮丧的是，她们对他毫无兴趣。

弗兰西斯卡正在给哈维尔治疗时，有人敲门。一个年轻人走了进来。女大夫为哈维尔介绍说，那是疗养院杂志社的编辑。他一直在找哈维尔哩。年轻编辑对哈维尔说，他并不想采访他，而是想采访他那当演员的妻子。哈维尔感到一阵失落。女医生告诉年轻编辑，哈维尔不仅是著名的内科大夫，而且还是著名的性爱专家。年轻编辑顿时对哈维尔生出无限敬意。

见了几次面后，年轻编辑对哈维尔佩服得五体投地。哈维尔的诙谐机智完全征服了他。他觉得自己就像一个无知的学徒站在一位大师面前。他友善地邀请哈维尔去见见他的女朋友，判断一下她的可爱程度。

哈维尔去温泉浴室做按摩。女按摩师态度极为恶劣，他感觉受到了侮辱。来到影院，在橱窗里看到妻子的剧照时，他决定给她挂个电话。他在电话里告诉妻子，自己实在太孤独了，要她无论如何来疗养院看他。

当他从门诊楼楼梯上走下来时，看到寄存处旁站着一个高头大马般的女人。他感到了一种惊人的美。当服务生把大衣递给那女人时，哈维尔立即跑过去帮她穿衣。高女人漫不经心地道了声谢。"我还能帮你做点其他什么吗？"哈维尔暧昧地问。女人冷冷地说："不用。"哈维尔再次受到了打击。

年轻编辑安排哈维尔见了自己的女朋友。他迫不及待地想听听哈维尔对姑娘的评价。哈维尔故作高深地说："一个真正的渔夫是会把小鱼放回到水里的。"小伙子开始烦恼不已。

哈维尔的妻子，那个著名影星，来到了疗养院。他亲密地挽着她在街上漫步。人们纷纷认出了女影星。妻子走后，女按摩师，高女人，还有其他人，对哈维尔的态度发生了彻底的改变。哈维尔约高女人晚上见见面，那女人欣然答应。

　　这种小说的标题就很耐人寻味。"十年之后"，已在暗示时间的痕迹。在这篇小说的法文版和英文版中，为了更加突出时间流逝，昆德拉又把十年改成了二十年。《座谈会》中的哈维尔到了这时已不再年轻。可他心气依旧，习性不改。得了胆囊炎，撇下当演员的美丽妻子，来到疗养院，病情稍稍好转后，欲望又开始萌动。他几次试图勾引漂亮女人，都遭到拒绝。显然，昔日的风采和魅力已然不再。残酷的时间。耐人寻味的是，在他当演员的妻子来疗养院看望他后，许多人立马用另一种目光看待他。他钟情的高女人也欣然答应和他约会。总体上看，这是篇欢快、轻松的小说，但字里行间充满了反讽。主题也是多重的。既有对时光的感叹，也有对虚荣和小市民心理的讥讽，还有对情爱的评说。在手法上，大量使用了侧笔。尽管写这篇小说时的昆德拉可能对"媚俗"概念还没有太自觉的认识，但小说中对这一现象的揭示，已清晰可见。让人感到不足的是，比起昆德拉的其他短篇，《哈维尔大夫十年之后》在情节设计上显得比较平淡和简单。

《爱德华和上帝》

爱德华刚刚毕业，在一个小镇当起了教师。在新的工作地点，他很快盯上了一位名叫艾莉斯的妙龄少女。几次约会，爱德华发现姑娘注重贞节，极为保守。在他试图拥抱她时，她总是把他推开，并问："你相信上帝吗？"

到目前为止，爱德华压根儿没想过相信上帝。可他又不敢对自己喜爱的人承认这一点。相反，他发现应该用对上帝的爱制作一匹特洛伊木马，然后神不知鬼不觉地占领姑娘的心。星期天，他们一同去教堂做礼拜。不幸的是，正好路过的女校长看到了他们。在当时，去教堂还是有一点风险的。

星期一，女校长找爱德华谈话，认为他不该去教堂。爱德华支支吾吾地辩解了一番。周末到来时，他给艾莉斯打电话，说由于感冒，不能和她去教堂了。艾莉斯指责他是懦夫。无奈之下，爱德华只好向姑娘讲明了真相。

一次，爱德华和艾莉斯又谈起了上帝。正好街对面有个十字架。为了表示自己的虔诚，爱德华装模作样地在胸前画起了十字。当他睁开眼睛时，发现学校的女门卫正在街的另一侧盯着他哩。爱德华意识到自己完了。

果然，两天后，女门卫通知爱德华到校长办公室去一趟。办公室里，四位审判员正等着他：女校长、女门卫、一个戴眼镜的同事和一位不知名姓的先生。在对爱德华进行了一番批评教育之后，女校长决定亲自负责做他的思想工作。

为了保住自己的饭碗，爱德华决心要以一个男人的身份赢得女校长的欢心。

女校长请爱德华到她的宿舍谈心。她显得特别和蔼可亲，还准备了点葡萄酒。谈话一开始还相当正经，但不知不觉中转到了私人话题。女校长对爱德华坦白说，她很喜欢他。爱德华觉得时机到了，表示自己也很喜欢她。女校长兴奋不已。

爱德华确信那场不愉快的事端已经解决。第二个星期，他又冒冒失失地和艾莉斯一同上教堂。与往常不同的是，他俩刚一见面，艾莉斯就挎住了他的手臂。甚至在教堂里，也紧紧依偎着他。爱德华感到迷惑不解。当他们天黑后到街上散步的时候，爱德华喜出望外地发现，她的吻不再像原先那样干巴巴的，而是充满了激情。姑娘说，她已知道了，他们传唤了他，威胁他，而他没有做出任何让步。她接着表示，愿意为他做一切。

这倒是个意外的礼物。爱德华趁机邀请她到乡下去度周末。姑娘点了点头。

当他再次应邀造访女校长的宿舍时，他满怀信心，乐呵呵地去了。他相信，教堂风波已永远化为乌有。女校长一杯一杯地喝着酒。接着，用那双吓人的眼睛死死盯着爱德华。他感到恐慌，索性举起酒瓶，大口大口地喝着。女校长脱光衣服后，一步步向他走来。爱德华灵机一动，惊叫起来：罪孽啊，罪孽！眼看就要无处可逃了，他忽然命令："跪下！"

女校长热切地跪在了他面前，抱住了他的双腿。"祈祷吧！"他又一次发出命令。就在他看着她一丝不挂地跪在地上祈祷时，他的身子终于有了反应。他一把抓起女校长，把她拽到了睡椅上。

爱德华和艾莉斯一起到乡下拜访他的哥哥。两位恋人在树林中、在草地里漫步、接吻。天黑后，艾莉斯把自己奉献给了他。

奇怪的是，爱德华没有感到太大的满足，反而感到难言的痛苦。一切都太荒唐了。艾莉斯的转变与他无数星期的苦苦追求无关，与任何合乎逻辑的想法无关。实际上，它仅仅基于一个误解。即便根据这个误解推断而出，也是相当不合逻辑的。为何他为忠于信仰所受的苦难就必然要导致她对上帝戒律的不忠呢？如此看来，他同艾莉斯的情爱毫无价值，纯粹出于巧合和误解。他决定同艾莉斯分手。

从此之后，爱德华每星期去看望女校长一次，并决心继续看望，直到他在学校的位置完全明朗。与此同时，他追逐起各式各样的女人和姑娘。

在昆德拉的所有短篇小说中，我觉得《爱德华和上帝》是最好看同时又最深刻的一篇。一个追逐女人的故事却如此巧妙地把信仰、政治、性、社会境况、人类本性等主题自然地糅到了一起。层次极为丰富，手法异常多样。加上不少哲学沉思，又使得小说获得了诸多形而上的意味。字里行间散发出浓郁的怀疑精神。显然，在昆德拉眼里，信仰值得怀疑，爱情值得怀疑，政治值得怀疑，革命值得怀疑，真理值得怀疑，语言值得怀疑……总之，一切都值得怀疑，一切都毫无价值。因此，更准确地说，这又是个有关信仰的问题。可笑的信仰。不堪一击的信仰。昆德拉本人有个文学抱负：用极为轻浮的形式探讨十分严肃的主题。这篇小说就比较典型地体现了他的这一抱负。

昆德拉本人格外喜爱《可笑的爱》这一短篇小说集，称它为自己的作品二号。正是这些短篇让他充分地品尝到了"小说的乐趣"。于他而言，《可笑的爱》不仅标志着自己方向的确立和小说生涯的开始，而且还意味着一段美好的幸福时光。

小说集发行量达到了十五万册，这在一个欧洲小国，绝对意味着巨大的成功，不仅为作者带来丰厚的稿酬，而且还为他赢得了相当的名声。其实，在这部短篇小说集里，我们已能清晰地看到昆德拉的不少标志性的东西。反讽，怀疑，哲学沉思，性爱场景，用最最轻松的语调表现最最沉重的主题，悲剧和喜剧的难解难分，人物性格的模糊性，等等，所有这些都将成为他以后创作中的一些基本声音。小说集里的许多主题也将在他以后的作品中反复出现。甚至可以这样说，他以后的一些作品就是这部集子里的一些主题的扩展和变奏。音乐影响的缘故，昆德拉尤其喜欢变奏手法。而且，第一本就是最后一本。奇怪的是，昆德拉后来再也没有写过短篇。

一个令昆德拉永生难忘的巧合：在他写完《可笑的爱》的最后一篇三天之后，俄国人的坦克开进了捷克斯洛伐克。一个时代即将结束。

六、《玩笑》：成名后的尴尬

从一九六二年起，昆德拉着手创作他的第一部长篇小说《玩笑》。据他自己介绍，发生在捷克小镇上的一件不起眼的事情激发了他的灵感：一个姑娘因为从公墓里偷花，把花作为礼物献给情人而被地方警察局逮捕。于是，一个人物形象在他眼前出现了。这个形象就是露茜娅。对她而言，性欲和爱情是截然不同，甚至互不相容的两码事。接着，她的故事又与另一个人物的故事融合在一起。这个人物就是卢德维克。他把自己一生中积聚起来的仇恨都集中在一次性行为中发泄。《玩笑》的基调就这样确定：一首关于灵与肉分裂的伤感的二重奏。

《玩笑》写得从从容容，前后花了三年多时间，直到一九六五年年底才脱稿。看得出，昆德拉分外重视这部小说。这是他作为小说家的第一次郑重的亮相。只是在疲惫的时候，他才写几个《可笑的爱》中的短篇。但写《可笑的爱》同写《玩笑》的心态有很大的反差：前者轻松，后者沉重。《玩笑》也是昆德拉所有长篇小说中最像小说的小说。

昆德拉在《玩笑》中给我们讲述了这样的故事：

卢德维克是位富有朝气的大学生，极有思想和个性，只是平时爱开玩笑。玛盖达却是个热情活泼但事事较真的女孩。这使她与时代精神天然地吻合。命运赋予她的最高奖赏便是天真和轻信。她年方十九，正在大学一年级学习，由于天生丽质，性格可爱，人人都喜欢她。男生们或多或少都对她下过功夫。

这是一九四八年二月革命后的第一年。共产党刚刚执政。一种崭新的生活在捷克斯洛伐克展开。真正意义上的崭新生活，完全不同于以往。这种新生活的主要特征是严肃和庄重。如此形势下，谁要是不为新生活和新时代欢呼，谁就会被怀疑在唱反调，对工人阶级的胜利成果表示不满，有严重的个人主义的悲伤情绪。

卢德维克自然与这种情绪无缘。他出身工人家庭，衷心拥护新制度和新社会。可不幸的是，他的玩笑意识太强。这显然与时代精神格格不入。尽管他学习优秀，又是年轻的党员，但组织上认为他时有个人主义苗头。当他要求他的同学们向他证明他什么地方有个人主义时，他们总是说，他的举止和奇怪的笑像个个人主义者。

夏季来临前，卢德维克开始接近玛盖达。像所有二十岁的男孩一样，他竭力想通过戴上一副面具来打动她。他想通过开些玩笑来显示他的超然和练达。可他发现，他对待玛盖达的方式似乎总有点不自然，有点做作，令人生厌。

玛盖达去参加暑期党员训练班了。训练班打乱了卢德维克的计划。原本他打算和玛盖达一起在布拉格单独待两个星期，以便尽快确定两个人的关系。他有些沮丧。玛盖达不仅不安慰他，还显得特别高兴。这让卢德维克感到嫉妒和痛苦。

玛盖达从训练班给卢德维克寄来了一封信，里面充满了对周围一切事物的激情。她觉得一切都是那么新奇：早晨的健美体操、热烈的交谈和讨论、动人的歌曲，一切都是那么健康向上。卢德维克觉得好笑，决定和她开个玩笑。他在寄给玛盖达的一张明信片上写道："乐观主义是麻醉人民的鸦片！健康气氛散发出愚昧的恶臭！托洛茨基万岁！"

除了一封简短的便笺，玛盖达对卢德维克的其余信件一律不予答复。她的沉默让卢德维克觉得难以承受。他几乎每天都给她写信，信中充满了恳切、爱恋的话语。他告诉她，只要能和她在一起，他愿意去任何地方，做任何事。依然没有回音。

卢德维克不明白发生了什么。回到布拉格，他找到了玛盖达，同她在伏尔塔瓦河边散了会儿步。但气氛有点异常。当他第二天再往她住处打电话时，一个陌生女人告诉他，玛盖达已经离开了布拉格。

开学了。卢德维克回到学校，准备投入学习和工作。就在他返校的那一天，他接到了一个电话，让他到区党委办公室去一趟。

三名党委成员在等着他。他们个个神情凝重。一场审讯开始了。你认不认识玛盖达，是否一直和她通信？你对乐观主义有何看法？你为何要嘲笑劳苦人民？你认为没有乐观主义能建设社会主义吗？马克思说过，宗教是人民的鸦片。而你却认为乐观主义是鸦片。你的居心何在？就这样，一连串的问题抛向了卢德维克。卢德维克有口难辩。

卢德维克感到委屈和无辜。他找到党小组长泽马内克，希望他出面为他说说话。泽马内克是他的同学，十分了解他的为人。他们经常一起参加学生集会。但卢德维克绝对没有想到，在全体会议上，恰恰是泽马内克建议开除他的党籍和学籍。卢德维克在痛苦中回到家乡。

秋天来临，卢德维克被发配到俄斯特拉发一个简陋、陌生的边区兵营，每天都要下矿井从事繁重的劳动。来到兵营的都被看作党和人民的敌人。卢德维克悲哀地意识到，一切都中断了：学业、工作、友谊、爱情、理想，以及对理想和爱情的追求。一个小小的玩笑竟让他付出了如此惨重的代价。

在极度痛苦、孤寂的劳役生涯中，卢德维克邂逅了露茜娅。她身上那种单纯、平凡的气息打动了他。露茜娅同样有着极为不幸的经历。卢德维克爱上了她。这是一种错综复杂的爱，更是一种安慰，仿佛灰色生活中唯一的亮点。露茜娅具有一种非凡的本领，能让他卸去任何思想包袱。在她面前，他愿意坦露一切：真挚，激动，悲怆。一天，他情不自禁地为她朗诵起诗人哈拉斯的诗来。突然，他的手指感觉到露茜娅的肩膀在颤抖。她哭了，像个孩子紧紧靠在他身上，不停地哭着。

卢德维克给露茜娅写了许多信和明信片。露茜娅没有回过一封。她没有受过多少教育，不会写信。起初，她只是羞怯地对他表示感谢，但不久找到了一种报答他的方式：给他送鲜花。那是他们在树林一块散步的时候，露茜娅忽然弯下身来，摘了一朵鲜花，递给了他。卢德维克十分感动。从此，每次见面，她都会捧来一束鲜花。

一天，卢德维克来到露茜娅的宿舍，抑制不住内心的冲动，一把抱住了露茜娅，开始吻她，并想要同她做爱。露茜娅惊恐万分，拼命反抗。"你并不爱我。"她对卢德维克说。

从此，露茜娅便神秘地消失了。

一晃十五年过去了。卢德维克获释后，回到大学完成了学业，并进了研究机关工作。一个偶然的机会，他碰见了电台女记者海伦娜。她的丈夫正是当年迫害过卢德维克的党小组长泽马内克。一种强烈的复仇愿望在他心中油然而生。他决定勾引海伦娜，以此来报复泽马内克。当他终于和海伦娜私通后，却发现自己不但没有达到复仇目的，而且还帮了泽马内克的大忙。因为，此时的泽马内克早已另有新欢，而且摇身一变，成为反斯大林主义的英雄。这实际上是卢德维克和自己开的又一个残酷而悲哀的玩笑了。

就这样，卢德维克不断地陷入玩笑的怪圈之中。一切都是罗网，这是他从人生经历中得出的结论。昆德拉指出，卢德维克的悲剧在于玩笑的罗网剥夺了他拥有悲剧的权利。这已不是他个人的遭遇，而是人类的普遍境况。

昆德拉常常写到笑。但昆德拉笔下的笑往往不是那种表达单纯快乐的笑，而是苦笑或可笑，含有苦涩、讽喻、冷峻、荒唐的意味，是笑的反面。《可笑的爱》已经让我们读出了这一点。《玩笑》则将这推向了极致。明信片上的几句玩笑话，而且还包含着一丝爱意，竟引发出一连串的灾难，完全改变了一个人的命运。正因为这些灾难来自机制，来自社会和时代，个人毫无抵抗的能力，甚至连复仇都会走向它的反面。如此，笑背后的含义就达到恐怖得惊人的程度了。

小说在叙述方法上也有一些讲究。它并不像传统小说那样，按人物命运的发展来组织故事情节，没有线形的时间脉络，也没有空间的延续性。作者特意安排了四个人物讲述。除去最后一章外，每一章都由一个人物讲述，都以一个人物为中心，都是一个视角。每人讲述的肯定只是与自己相关的重要事情，展示的也自然只是中心事件的一个侧面。但将所有人物的叙述拼合在一起，小说也就完整了，中心事件和中心人物与其他人物之间的各种关系也就清楚了。在篇幅分配上，昆德拉还是有主次之分的。卢德维克，作为中心人物，占了全书的三分之二。雅罗斯拉夫六分之一。科斯特卡九分之一。海伦娜十八分之一。卢德维克处在中心位置，从内部和外部被同时照亮。其他每个人物也都被另外一束光照射。露茜娅是个特殊人物，没有自己的讲述，只是被卢德维克和科斯特卡从外面描绘。缺乏独立讲述，反而使她具有了一种不可捉摸的神秘色彩，给予读者无限的想象空间。

不同的人物，不同的视角，又会生发出不同的故事。小说因此而获得了极大的丰富性和层次感。有些章节甚至可以当作完全独立的故事来读。卢德维克和玛盖达的玩笑故事具有时代印记。卢德维克和露茜娅的爱情故事，伤感动人，涉及隐秘的心理和经历。卢德维克勾引海伦娜的复仇故事更像一个黑色幽默。雅罗斯拉夫执迷于保护民间艺术的故事则像个悲剧。它们时而独立，时而交叉，时而混合，就像一部多重奏的音乐作品，让人觉得厚重，立体，有看头。

从思想内容上而言，《玩笑》除了揭示人类一种特殊境况外，又绝对具有全面反思和清算一个特殊时代的意思。难怪它在当时的捷克斯洛伐克社会中成了一个爆炸性的声音。

阿根廷作家博尔赫斯断言，一切文学都有自传性质。《百年孤独》的作者加西亚·马尔克斯表示，没有本人的亲身经历，他可能一个故事也写不出来。这些话同样适合昆德拉。不管他承认与否，我们在《玩笑》中都可以清晰地看到他的许多影子。他也曾有过政治狂热，也曾年纪轻轻就入了党，也曾在学校里担任学生干部，也曾在大学期间不得不退学，也对民间艺术有特殊的感觉。他本人在回忆在捷克斯洛伐克度过的青年时代时说："……我们抗议对宗教信徒的迫害，我们为遭唾弃的现代艺术辩护，我们对舆论宣传的愚蠢提出异议，我们批评我们对俄国的臣属关系，等等。干这些事时，我们在冒某种风险，不是什么大险，但总归有一点点风险，而这小小的风险给了我们一种精神上惬意的满足。"①所有这些在小说中都或多或少有所反映。就连大部分背景也放在了他熟悉的故乡摩拉维亚土地上。还有大段大段有关音乐的议论，实际上就是他本人长期研究音乐的结果。

昆德拉在写完《玩笑》后，怀着某种侥幸心理，将它交给了捷克斯洛伐克作家出版社。出版社的编辑虽然答应要尽力让它出版，可心里却直打鼓，并不抱多大希望。因为《玩笑》散发出的批判精神与当时官方的意识形态大相径庭。在此期间，出版社曾同昆德拉商量，让他作一些修改，但被拒绝。宁可不出，也决不改动一个字。这就是昆德拉当时的态度。没有想到，两年后，也就是在一九六七年，《玩笑》竟然问世了，而且没有受到任何审查。连昆德拉都不敢相信。

《玩笑》出版后，引起巨大反响，连出三版，印数惊人，达到几十万册，很快便被抢购一空。在很长一段时间，它一直同捷克另一名小说家瓦楚利克的小说《斧》一道名列畅销书排行榜榜首。评论界将它当作二十世纪六十年代捷克斯洛

---

① 米兰·昆德拉：《被背叛的遗嘱》，余中先译，上海译文出版社，2003 年版。

伐克的重大文化事件，甚至称它唤起了整个民族的觉悟。

在众多的评论中，小说家伊凡·克里玛的话语切中了要害。克里玛说，在昆德拉的世界里，没有纯粹的因果。人处于一个他并不理解的秩序的中心。或者，即便理解，也是超出通常概念的理解。从这一点来看，这是个荒唐的秩序。在那里，没有逻辑，没有罪愆和惩罚，有的只是时间。

不久之后，《玩笑》还被拍成了电影。几乎在一夜间，昆德拉成为捷克最最走红的作家，他在捷克文坛上的重要地位也从此确定。人们认为，小说说出了许多人想说而不敢说的真实。不仅如此，《玩笑》很快便引起了世界各国的注意，被译成了法语、英语、日语等几十种语言，为昆德拉赢得了广泛的国际声誉。只是有些译本不甚理想。其中，英国的版本，由于缺乏作者、出版者和译者之间的沟通，竟然任意删去了整整一个章节，并随便调换了章节的顺序。昆德拉怒火中烧，立即写信给英国《泰晤士报文学增刊》，表示强烈的不满。他在信中写道：

　　整整一生，我都在抗议以意识形态教条的名义，对艺术作品进行任意的阉割。英国出版商肢解我的书，显然是相信这样可以卖得更好……在莫斯科，他们改动了我的剧本《钥匙的主人们》，是为了便于获得上演许可……伦敦出版商和莫斯科艺术官员的思维方式似乎有着神秘的关联。他们对艺术怀有同样的蔑视。

　　紧接着，昆德拉呼吁英国读者不要阅读英文版《玩笑》，因为他不承认那本书出自他之手。昆德拉抗议的结果是，出版商同意再出一个平装本，恢复被删节的章节。

　　一九六八年八月，也就是《玩笑》出版后不到一年，苏联军队占领了捷克斯洛伐克。《玩笑》被列为禁书，立即从书店和图书馆消失。在东欧国家，除去波兰和南斯拉夫，它遭遇了同样的命运。全部匈牙利版的《玩笑》还没进入书店，就被捣成了纸浆。

　　如此背景下，西方国家对《玩笑》的兴趣就更容易染上政治色彩。许多西方评论家干脆把《玩笑》当作一部政治小说，而把昆德拉视为纯粹"出于义愤或在暴行的刺激下愤而执笔写作的社会反抗作家"。甚至到了八十年代，在一次昆德拉作品电视讨论会上，仍有人称《玩笑》是对"斯大林主义的有力控诉"。昆德拉当时十分反感，立即插话："请别用你的斯大林主义来让我难堪了。《玩笑》只是个爱情故事！"

　　西方的某些评论也许偏颇，但昆德拉的姿态也值得怀疑。他实际上非常害怕读者片面地去理解这部作品，害怕自己的艺术性受到忽略和怀疑。然而，不管昆德拉承认与否，《玩笑》的政治性还是相当明显的。首先，小说反映的时代充满了政治氛围。人人都得歌颂新社会，歌颂新制度，否则便会被视为同政府和人民唱反调。思想必须保持统一，不许有任何个人主义苗头。其次，在明信片事件中，党委审讯，党小组表态，全体会议举手表决，卢德维克被开除党籍和学籍。显然，这一事件是被当作政治事件处理的。话说回来，如果没有那种强大的政治力量，一个小小的玩笑也不会引发什么后果。最后，小说中许多内容涉及政治。比如，卢德维克所在的兵营里就几乎全是政治犯。甚至还有画家因为立体派画作被收容了进来。所有这些不是政治，又是什么呢？捷克剧作家瓦茨拉夫·哈维尔说过：对政治的批评本身就是一种政治。同样，我们可以说：对政治的揭露本身也是政治。

在国际上对《玩笑》的一片评论声中，最著名的是法国作家路易·阿拉贡为该小说的法文版所写的前言。他称《玩笑》是二十世纪最杰出的小说之一。由于阿拉贡的特殊地位，这篇前言引起了世界性的轰动。阿拉贡不仅是超现实主义运动的著名人物和大小说家，而且还是法国共产党中央委员会委员，在党内担任要职。他在《前言》特别强调："我们必须阅读这部小说。我们必须信赖这部小说。"

然而，对于昆德拉而言，阿拉贡的赞美到最后又成为一种尴尬。原因就在于阿拉贡本人。昆德拉清楚地记得，一九六八年秋天，他在巴黎逗留期间，曾去拜访过阿拉贡。当时，这位法国大作家正在接待两个来自莫斯科的客人。他们竭力劝说他继续保持同苏联的关系。阿拉贡对苏联入侵捷克斯洛伐克表示极大的愤慨。他断然告诉他们，他再也不会踏上俄国的土地了。"即使我本人想去，我的双腿也不会同意的。"阿拉贡说。在场的昆德拉对他极为敬佩。没想到，四年后，阿拉贡就去莫斯科接受了勃列日涅夫颁发的勋章。

这仿佛又是一个玩笑。一个更大的玩笑。

七、布拉格之春

后来当上了捷克总统的剧作家瓦茨拉夫·哈维尔认为，"布拉格之春"实际上并不是两个政治派别的冲突和较为开明的那一派的暂时胜利，而是一个漫长的过程的顶峰和结果。在这一过程中，社会在逐渐地自我觉醒和自我解放。新的社会意识所不断形成的压力迟早都会在政治领域里得到反映。捷克以及欧美很多人都和他持有相同的看法。

按照这一看法，有好多个点逐步酝酿并最终触发了"布拉格之春"。

人们想到的最远的一个点是一九五六年四月举行的捷克斯洛伐克第二次作家代表大会。这次会议明显地受到苏共二十大的影响和冲击。为遭受不公正待遇的作家平反，反对教条主义，提倡文艺反映真实，成为大会的基调。当时的捷克斯洛伐克总统安托宁·萨波托斯基也以作家身份出席了会议。会上，捷克著名诗人弗朗基谢克·赫鲁宾第一个发言。赫鲁宾一九一〇年出生在布拉格，但童年和少年基本上在农村度过。他曾攻读过法律和哲学专业，当过图书管理员，后又到捷克斯洛伐克作家出版社工作。他出过《远方的歌》《蝉》等十余本诗集，深受读者的爱戴。这位曾为孩子们写过大量诗歌的诗人也始终保持着一颗孩子般纯真的心。赫鲁宾的发言极为艺术。他从法国象征派诗人马拉美的代表诗篇《天鹅》谈起。马拉美在诗中如此写道：

> 纯洁、活泼和美丽的，他今天
> 是否将扑动陶醉的翅膀去撕破
> 这一片铅色的坚硬霜冻的湖波
> 阻碍展翅高飞的透明的冰川！

> 一头往昔的天鹅不由追忆当年
> 华贵的气派，如今他无望超度
> 枉自埋怨当不育的冬天重返
> 他未曾歌唱一心向往的归宿。

> 他否认，并以颀长的脖子摇撼
> 白色的死灭，这由无垠的苍天
> 而不是陷身的泥淖带给他的惩处。

> 他纯净的光辉派定他在这个地点
> 如幽灵，在轻蔑的寒梦中不复动弹：

天鹅在无益的谪居中应有的意念。①

赫鲁宾动情地说："捷克诗歌就像这只天鹅的悲惨境地：无数天才被冻住了翅膀，难以飞上艺术的天空。"哈拉斯、比布尔、科拉什等一批优秀的诗人就遭遇了这样的命运。这些诗人有的悲愤自杀，有的含冤去世。赫鲁宾大声疾呼：面对如此残酷的现实而躲避、掩饰或无动于衷，简直就是耻辱。赫鲁宾希望诗人和作家能够站出来，替民众代言，为民众负责。捷克和东欧其他国家也确实有这样的传统：在重要时刻，诗人和作家的声音往往更有感染力和号召力。

赫鲁宾话音刚落，另一位捷克重要诗人雅罗斯拉夫·塞弗尔特的声音又响了起来。这位后来获得诺贝尔文学奖的诗人出生于布拉格一个工人家庭，童年时就尝尽了贫穷的滋味。他从小热爱诗歌，一心想成为诗人，时常一头扎进图书馆，只顾读诗，忘掉了自己的学业，并为此而辍学，连中学都没有毕业。他在诗歌的道路上越走越远，写出了《泪城》《熄灭灯光》《披着光明》等诗集，终于确立了自己的风格：朴素，亲切，自然流畅。人们称他为抒情大师。这位曾一度沉湎于个人内心世界的诗人，在法西斯威胁自己的祖国时，毅然用诗歌谴责法西斯，期待着民众的觉醒。此时，他又一次站了出来，神情中多了些坚定，一改往日温和的样子，语

① 此处引用了施康强先生的译诗。

重心长地对与会者说："我们不止一次地强调，作家应是民族的良心。可我觉得，这句话已近乎流行的高调。因为，这些年来，我们既不是群众的良心，也不是自己的良心。"塞弗尔特要求释放那些被错误关押的作家和公民。

尽管赫鲁宾和塞弗尔特的发言没有解决任何实际问题，但却在捷克斯洛伐克社会中引起了强烈的震动。从此，作家和政府之间的矛盾和冲突正式公开。

一九六三年五月举行的"卡夫卡研讨会"是另一个重要的点。这次研讨会公开承认了卡夫卡的文学价值。这位深受昆德拉喜爱的现代派大师终于在捷克斯洛伐克有了自己应有的地位。卡夫卡一辈子都没有离开过布拉格，和捷克土地有着千丝万缕的联系。包括昆德拉在内的一大批捷克作家都受到过他的影响。这次研讨会的真正意义在于：人们开始有意识地摆脱教条主义的束缚，渴望打开自由表达的大门。

有人认为，一九六四年苏联领导人的变更，也是个有一定冲击力的点。赫鲁晓夫和捷克当时的领导安托宁·诺沃提尼关系一直极为密切。赫鲁晓夫下台后，诺沃提尼和苏联新的领导人勃列日涅夫的关系却始终比较平淡，甚至都缺乏必要的相互理解。这自然会波及两国的关系。

一九六六年六月举行的捷共十三大又是一个有特别意义的点。会上，捷克经济学家奥塔·斯克强烈要求当局实行彻底的经济改革。奥塔·斯克指出，完全有必要对政治及其他领域的所有民主关系问题作一个深刻的分析，同样党内的民主也应该得到进一步发展。

人们普遍有这样一个共识："布拉格之春"不仅是一场政治实验，而且更是一种文化和道德现象。作家和知识分子的作用举足轻重，正是他们为"布拉格之春"营造了必要的前期氛围。甚至可以说，正是他们拉开了"布拉格之春"的序幕。说到这里，我们就自然而然地会想到捷克斯洛伐克第四次作家代表大会。

当时的捷克斯洛伐克形势十分微妙。一方面，经济状况令人沮丧，百姓生活日益贫困。另一方面，社会的民主意识明显增强，人民要求改革、要求摆脱苏联控制的呼声越来越高，捷克党内的改革势力也有所壮大。经过激烈的谈判和紧张的准备，作家代表大会终于于一九六七年六月召开。第四次作家代表大会显然是第二次作家代表大会的延续和发展，也是"布拉格之春"的先兆。会上，作家们就文学、文化政策、文化官僚现象、文化危机以及民族生存等问题展开了深入而热烈的讨论。有些作家的发言带有强烈的批判色彩，矛头直指诺沃提尼执政当局。两个在当时看来十分敏感的问题成为大会的焦点：一是如何看待捷克的文学传统以及如何评价两次大战之间的捷克文学。二是要求修改新闻法，取消新闻检查制度。昆德拉以大会主席团成员的身份参加了会议。他首先发言并提出了这些敏感问题。正因如此，他被不少人称作"布拉格之春"的急先锋。

第四次作家代表大会最后在作家与当局的激烈冲突中闭

幕。大会的直接后果：瓦楚利克、克里玛、利姆及姆尼亚切克等四位作家被开除了党籍。《文学报》由文化部接管，原编辑部被解散。昆德拉受到了党内严重警告的处分。

一九六八年一月，执政长达二十年的捷共第一书记诺沃提尼下台，思想比较开明的亚历山德·杜布切克成为捷共新的领导。这标志着"布拉格之春"的正式开始。

杜布切克上台后，制定了一条以摆脱苏联控制、进行经济改革、营造自由氛围为主要目标的全新的路线。这一路线给整个社会带来的变化让人吃惊。

杜布切克本人也比较重视作家们的意见。他曾特意安排政府领导和一些作家座谈。哈维尔等作家参加了座谈。哈维尔清楚地记得，那次会议开得不错，会上甚至还备有葡萄酒和美味食品。杜布切克等主要领导都出席了会议。作家们一边喝着酒，一边畅谈自己的看法。整个会议过程中，杜布切克都在专注地听作家们发言，有时还提出一些补充性的问题。他的这种姿态赢得了作家们的好感。这一时期，昆德拉的心情也十分兴奋和愉快，既为四周弥漫的自由空气，也为自己刚刚获得捷克斯洛伐克作家协会大奖的小说《玩笑》。这年春天，他还到过巴黎，处理法文版《玩笑》出版事宜。昆德拉称那一时期"真正是一个狂欢节"。

在当时的政府部门及社会各界，保守势力还相当强大，苏联的追随者也为数不少，因此改革运动很快便遭遇到重重困难。这时，昆德拉等作家纷纷走上街头，参加集会，对公众宣讲改革的必要。小说家瓦楚利克发表了著名的"两千字宣言"，并在全国范围举行声势浩大的征集签名活动，表示对改革的坚决支持。后来，当杜布切克等捷共领导几乎被绑架到莫斯科去和苏共领导谈判时，剧作家科霍乌特发出呼吁书，又兴起了一轮全国性的征集签名活动，再度表示对捷共领导的同情和支持。

一九六八年八月二十一日，五十万苏联军队在坦克和大炮的保护下入侵捷克斯洛伐克。"布拉格之春"被血腥镇压，改革运动失败。一夜之间，捷克大地一派凄惨。这一回，捷克人没有用欢呼和鲜花，而是用诅咒和石子迎接苏联人的到来。人们怎么都难以理解，当时的解放者竟变成了如今的侵略者，并以共产主义的名义镇压共产主义者。抵抗以各种方式进行，仇恨在空气中弥漫。一个经典性的镜头：一个漂亮的女孩手捧一束鲜花走近一辆坦克，站在坦克上的苏联士兵俯下身来，准备接受鲜花并亲吻女孩，就在那一刻，女孩将一口唾沫啐在了士兵的脸上。愤怒和眼泪，这就是那时的布拉格。

一九六九年四月，胡萨克取代杜布切克当上捷共第一书记。胡萨克一上台就开始大清洗，以消除"布拉格之春"的影响。作为"布拉格之春"主力的作家和知识分子受到了沉重的打击。他们被开除出党，失去公职，无法出书，有些被迫离开祖国，有些则被下放到了偏僻的乡村。昆德拉为我们提供了几个重要数字：苏联入侵后，大约有十二万捷克人离开了祖国。而留在国内的人中又有五十万人失去了职位。他们被迫离开大学，离开出版社，离开编辑部，离开自己的书房和家，去到最最偏远的地区从事繁重的体力劳动，人们再也听不到他们的声音。

昆德拉自然也在劫难逃。他的党籍再次也是永远被开除，在电影学院的教职也被解除，所有作品都一下子从书店和公共图书馆消失，同时还被禁止发表任何作品。幸好，他在出版《可笑的爱》和《玩笑》时积攒了一些稿费，加上妻子维拉私下教英语挣的一点收入，自己偷偷以别人名义写点东西也能换点小钱，所以，生活还能勉强维持。

在此艰难困苦的时刻，三位拉美作家以自己的方式对昆德拉及其同胞表示了声援。他们是：卡洛斯·富恩特斯、胡里奥·科塔萨尔和加西亚·马尔克斯。一九六八年十二月，他们专程从巴黎乘坐火车来到布拉格看望昆德拉，了解在捷克斯洛伐克所发生的一切。昆德拉在伏尔塔瓦河边一个桑拿浴室里同他们见面。在当时的布拉格，到处都隔墙有耳。桑拿室兴许是昆德拉所能想到的最安全的地方了。这是一幅有趣的场面：几个作家赤条条地躺在热气腾腾的桑拿室里，听同样赤条条躺着的昆德拉讲述布拉格发生的真实情形。半个小时后，被蒸汽蒸得大汗淋漓的拉美作家希望冲个冷水浴。但桑拿室里没有淋浴。于是，昆德拉就带他们来到结了冰的河边。他先在冰面上砸开了一个窟窿，然后轻轻地将"像蚯蚓一般赤身裸体的"加西亚·马尔克斯和卡洛斯·富恩特斯推入冰冷的水中。当他们好不容易爬上岸时，浑身冻得青一块紫一块。加西亚·马尔克斯哆嗦着对富恩特斯说了一句极文学的话："卡洛斯啊，有那么一瞬间，我还以为我们会把性命丢在卡夫卡的土地上哩。"如此类似虚构作品中的情景，几位小说家恐怕都会永生难忘的。

富恩特斯在介绍昆德拉的散文《另一个K》中生动地描述了这一情景。在他的笔下，我们也终于近距离地看到了昆德拉："昆德拉在吼叫。一位斯拉夫巨人，长着一张奥得河东边你才能看到的脸，颧骨高高的，很硬，鼻子上翘，短短的头发正在告别青春的金黄，进入四十出头时的灰白领地，大奖争夺者和苦行僧的混合体，马克斯·施梅林和波兰人约翰·保罗二世间的十字架，伐木者和登山者的体格，那双手，既是作家的，一如他本人，也是钢琴家的，就像他父亲。眼睛，同所有斯拉夫眼睛一样：灰色，灵动，见到我们冻成冰棍时微微笑了一下，紧接着又布满了忧郁——那从一种情感到另一种情感叫人吃惊的转变，正是斯拉夫灵魂的标志，情感交叉的标志。"

那正是大雪纷飞的日子，天异常寒冷。昆德拉同三位拉美作家一起聊天、谈小说、喝捷克白干、吃捷克特色菜。加西亚·马尔克斯和胡里奥·科塔萨尔都是音乐迷。昆德拉，陪着他们，穿着厚厚的靴子，戴着皮帽，几乎逛遍了布拉格所有的音响店，寻觅雅那切克的唱片。他还让几位朋友看了看自己珍藏的雅那切克的乐谱原稿。那是他父亲留给他的。就这样，他和这几位拉美作家，尤其是卡洛斯·富恩特斯，结下了终身的友谊。后来，在移居法国后，昆德拉惊喜地发现，他和富恩特斯，还有着小说美学上的共鸣。昆德拉在《被背叛的遗嘱》中写道："作为年轻的布拉格作家，我曾经十分憎恶'同代人'这一词，它以它随大溜的臭味让我恶心。我头一次感到与他人联系在一起，那是多年之后在法国读卡洛斯·富恩特斯的作品《我们的土地》时。一个生活在另一大陆，与我的经历及文化背景大相径庭的人怎么可能跟我一样受着同一种美学观点的缠绕？他怎么也想在一部小说中把不同的历史时间共置一起？一直到那时，我竟天真地以为这种艺术手法只属于我一个人呢！"[1]

在那一段岁月里，这三位作家的来访，为昆德拉带来了巨大的安慰，一段温暖的记忆。

---

[1] 米兰·昆德拉:《被背叛的遗嘱》第 14 ~ 15 页，余中先译，上海译文出版社，2003 年版。

八、争论：哈维尔与昆德拉

在苏联坦克的包围下，捷克斯洛伐克国内形势极为复杂，各种力量之间的斗争十分激烈。杜布切克从莫斯科回国后，虽然一再保证他将坚持改革路线，但实际上他的领导地位都已成问题。捷克的前途令人担忧。在此特殊时刻，不同的声音此起彼伏，不同的姿态纷纷呈现。一部分人对捷克前途彻底失去信心，认为杜布切克所说的改革已属空头支票。另一部分人依然在观望，在期待，依然对杜布切克的许诺抱有幻想。昆德拉就位于这后一种人的行列。就在三位拉美作家前来声援时，昆德拉在《通讯》杂志上发表了题为《捷克的命运》的文章，表明他对时局的看法。不料，这篇文章引起捷克文坛另一员干将哈维尔的强烈不满。于是，在"温和的"昆德拉和"激进的"哈维尔之间展开了一场著名的争论。

其实，由于出生和成长背景完全不同，哈维尔对昆德拉及其周围的作家早就心存芥蒂。瓦茨拉夫·哈维尔一九三六年出生于布拉格一个大资产阶级家庭，从小就享受着许多优越待遇，过着高人一等的生活，家里有家庭女教师，有厨师、女佣、花匠和司机。正因如此，他感觉在他和同学、老师之间总是隔着一堵无形的墙。在这堵墙的背后，他感到孤独、自卑、失落，甚至恐惧：觉得每个人都有可能反对他。新政权执政后，父母的家产被没收，他本人也常常被当作阶级斗争的对象。他没有资格上中学，只能在工作之余上夜校。尽管十五岁就已写出好几本诗集，受到塞弗尔特、霍朗等大诗人的赏识，却没有哪所大学愿意接纳他。后来，在服兵役期间，由于部队文化生活的需要，哈维尔终于有了施展艺术才华的机会。他组织剧团、参加演出、编写剧本，一步步走上了戏剧创作之路。他声称，正是他的经历使他对戏剧，尤其是荒诞派戏剧有着特殊的敏感。二十世纪五十年代后期，小剧院在布拉格复活，渐渐成为一种不可忽视的艺术现象。小剧院上演的节目往往轻松、自由、幽默，充满了纯粹的乐趣。在谈到小剧院的非意识形态的本质时，哈维尔说："我们并不试图去解释这个世界；我们对主题并不感兴趣，我们无意去教育任何人。演出更像一场游戏，只是这种'游戏'有些神秘地触及了人类生存和社会生活最深处的神经，如果说它没有始终能够这样的话，那么至少在其达到高峰之时这样做了。幽默被描述成纯粹的，为艺术而艺术的，达达主义的和为戏剧而戏剧的；但奇怪的是，这种显然与时代的重大事件毫无关系的幽默，正如人们传统理解的那样，却奇异地、间接地回答了最紧迫的一个问题——人究竟是什么。"①小剧院为哈维尔提供了大舞台，他曾长期在小剧院工作。正是在小剧院的有利环境中，哈维尔成了捷克最有代表性的荒诞派剧作家。就是这么一个荒诞派剧作家在政治上却一贯十分激进。这兴许与他的人生道路有关吧。

哈维尔在《远途答问》中说，自己从内心感到和那些"官方"作家有一定的距离。他们从中学直接进入大学学习文学，毕业后又直接进入出版社或杂志社工作。他们的作品很快就得以发表，本人也很快就加入作协，自由自在地出入于作家俱乐部。尽管他们中有些人反对教条主义，但这些人依然有自身的局限性。他们依然抱有幻想。他们依然感激旧的思想体系。他们有些反复无常，有时还很幼稚。在哈维尔的眼中，昆德拉就是他们中的典型。

如此看来，哈维尔与昆德拉的争论是迟早的事情。

昆德拉在《捷克的命运》中写道，一八八六年，捷克文学评论家胡伯特·戈登·绍埃尔曾经发问：在民族复兴上花费那么多功夫值得吗？在欧洲中心建立这么一个小国值得吗？它能给人类带来什么样的价值？没想到，捷克斯洛伐克人民在一九六八年戏剧性地回答了这个问题。公众舆论将得到重视，人民意志将得到体现，文化将得到自由的发展。这一尝试将使捷克人和斯洛伐克人自中世纪以来第一次成为世界历史的中心。昆德拉批评那些对当时形势持悲观态度的人

---

① 瓦茨拉夫·哈维尔:《哈维尔自传》，第45页，李义庚、周荔红译，东方出版社，1992年版。

过于软弱。他说，他一向看重的是清醒的认识。当年，那些民族复兴主义者就已经意识到捷克的命运中含有的不利因素。捷克爱国主义的根本不是狂热，而是批判精神。但如今，这种批判精神却出现了两种形态。一种是批判态度变成了一种习惯，或者说变成了恶习，对任何希望都一概加以否定。这是软弱的批判，批判精神仅仅降低为悲观主义的态度。另一种则是真正的批判精神，它深知悲观主义和乐观主义态度一样都具有欺骗性。这一批判精神十分自信，因为它明白它本身就是可以创建未来的力量、价值和权威。

哈维尔立即书写了一篇题为《捷克的命运？》的文章，对昆德拉加以驳斥。文章发表在一九六九年第二期的《面貌》杂志上，字里行间充满了讽刺和火药味道。作者写道："我们大家，也就是整个捷克民族，无疑会感到欣慰，当我们得知我们八月里的行动居然也赢得了米兰·昆德拉这位颇有老于世故之嫌的怀疑主义者的知识分子的承认。原来，他可是向来都只看到我们的消极面的。"哈维尔指责昆德拉对苏军入侵时捷克人民团结一致的爱国精神大加赞赏是为了迷惑群众，转移视线，使群众的注意力从严酷的现实中转移开来，仅仅陶醉于过去的光荣之中。哈维尔认为，这实际上是以"回忆往事的消极的爱国主义来代替不那么舒服的积极的爱国主义"。在哈维尔看来，积极的爱国主义就是公开的行动，就是敢于冒一切风险去干预，去抗争。哈维尔后来回顾这场争论时说："那时，昆德拉，当然还有许多人，把苏联的占领和捷克斯洛伐克的妥协解释为我们民族的命运，仿佛苏联人到这里来，不是为了在一个不听话的领地恢复他们的所谓秩序，而是为了实现捷克古老的命运，仿佛我们国家的代表也是出于同样的原因才不得不签订莫斯科协议。这些事件的结果——捷克的命运——被说成了它们的原因。对这样的说法，我感到深深的不安。我并不反对对类似的历史事件和我们民族的历史意义进行思考，我反对的是以此来分散我们对当前迫切的人的、道德的和政治的问题的注意力。"哈维尔表示，他完全理解和尊重一些人由于事情的结果而感到的失落，但他不赞成他们把铁铮铮的事实说成是民族古老的命运。他认为，这种说话是推卸责任，把责任完全推卸给了历史。

昆德拉可能没有料到，攻击恰恰来自哈维尔。作为捷克文坛上的"老大哥"，他一直很欣赏这个"小老弟"的才华，也承认他对捷克戏剧的贡献。昆德拉清楚地记得，当年哈维尔申请报考艺术学院的时候，自己是入学资格审查委员会委员，还为他说过不少好话哩。此刻，面对这位"小老弟"的挑战，昆德拉自然也不甘示弱。他在驳斥文章中指出，哈维尔之流是典型的激进主义者，他们好出风头，甚至怀抱一种阴暗的虚荣心理，隐隐期待正义事业的失败，因为那会像一道火光，不但能把所有的痛苦暴露于天下，而且还能让那些"先锋们的品德"光耀于世。

这样的争论自然不会有什么结果。只有让时间来做出最后的判决。时间的判决显然对昆德拉不利。让人感到吃惊的是，没过多久，曾经口口声声号召作家为民族的存亡履行职责的昆德拉自己却丢弃了这一职责，曾经激情昂扬地鼓励整个民族不要灰心丧气的昆德拉自己却彻底灰心丧气了。这个"布拉格之春"的急先锋变成了另一个人。反差如此之大，不禁让人怀疑他的真诚。许多年后，在他被问及这段特殊经历时，昆德拉如此说："当我回想我怎样把代表大会当作一个讲坛发表那篇长长的演讲时，我仿佛觉得回忆的是另一个与我毫不相关的人。这并不是说我为那次演讲感到脸红，那是一篇很出色的讲稿，我以自己的方式为它感到自豪。我只是说，我自己不认识自己了。那次大会不久之后，我便意识到，我除了是个小说家外，什么也不是，我不应当插手其他事情，从此，我便永远退到了一旁。"这就是昆德拉苍白无力的辩解。

哈维尔真的投入了行动，以昆德拉所没有的坚韧不拔的精神。他一次次地组织签名活动，组织抗议活动，递交并散发请愿书，即便坐牢也在所不惜，成为捷克最坚定的持不同政见者。

九、"永远退到一旁"

　　"永远退到一旁"的昆德拉一心一意地写起了小说。在一九六九年至一九七三年这短短的几年里，他接连写出了长篇小说《生活在别处》《告别圆舞曲》和剧本《雅克和他的主人》。在此期间，他还系统地研究了奥利弗·梅西昂、埃德加·瓦雷兹和雅尼斯·泽纳基斯等音乐家的作品。正是那种特殊的境遇和特殊的心态使他走近了这些音乐家。昆德拉说："我回想起俄国占领初期我在波希米亚的愁苦岁月。那时候，我爱上了瓦雷兹和泽纳基斯：这些客观然却尚未存在的音响世界的形象告诉了我人类咄咄逼人的、讨厌的主观性的自由存在，它们告诉了我在人类参与之前之后的世界的温柔的野性之美。"[①] 从这段文字中，我们可以看出在那"愁苦岁月"里，音乐给了他怎样的心灵慰藉。一篇长长的音乐论文便是这段研究的具体成果。

---

① 　米兰·昆德拉:《被背叛的遗嘱》第 74 页，余中先译，上海译文出版社，2003 年版。

给他心灵慰藉的还有夫人维拉，一位美丽优雅的女士。一九六三年，他们走到了一起。在此之前，昆德拉曾有过一次短暂的婚姻。维拉原先是布尔诺电视台的播音员。结婚后，才来到布拉格。昆德拉在布拉格的一些好友至今还记得他们举行婚礼时发生的一段插曲。当时，在验完身份证之后，在结婚仪式开始之前的一瞬间，昆德拉故意与证婚人耶斯特夏伯调换了位置。司仪和主婚人都没有注意到他的动作。结果，耶斯特夏伯在备忘录上签了昆德拉的名字，而昆德拉则签了耶斯特夏伯的名字。这就意味着我们可以说昆德拉已婚，也可以说他未婚。一个典型的昆德拉式的玩笑。维拉成为昆德拉人生中强有力的支撑，在昆德拉最艰难的时刻，一直陪伴着他，并在丈夫失去工作后为解决生计付出了难以想象的辛苦。她后来还成了昆德拉的经纪人和助手。昆德拉的所有活动全由她来安排。除创作外，昆德拉几乎事事都听她的。他甚至常常戏言：以后连写作都由维拉代劳了，他只用签一下名就行了。凡接触过她的人，都会对她的精明能干留下印象。随着岁月的流逝，昆德拉也越来越依恋她了。

昆德拉是在一九六九年六月写完小说《生活在别处》的。在当时的捷克斯洛伐克，小说自然无法出版。他只好暂时将它锁在了抽屉里。据他自己介绍，他在五十年代中期就想写这部小说了。当时，他想解决一个美学问题：怎样写一部属于"诗歌批评"的小说，同时它自身又是诗歌，能够传达诗歌的激情和想象。

表面上看，《生活在别处》的主人公只有一个：那就是书中的诗人。但细读之后，我们会发现，他的母亲玛曼实际上也是个重要人物，甚至可以说是另一个主人公。玛曼是一个富商的女儿，却爱上了一个身无分文的年轻工程师。作者正是从玛曼怀上诗人写起的。尽管完全存在着其他可能性，但玛曼却一口咬定，怀上诗人只能是在某个阳光明媚的早晨，在布拉格附近一个充满浪漫情调的乡间。诗人诞生了，玛曼为他取名雅罗米尔，意为"他爱春天"或"他被春天所爱"。让玛曼伤心的是，她的丈夫并不欢迎孩子的降生。那个如此渴望爱情冒险的男人却害怕生活冒险，不愿同她一道去遨游星空。她意识到，丈夫带给她的激动充满了风险和不安，而儿子却让她的心沉浸在幸福和宁静中。于是，她把自己完全和儿子连在一起。儿子的身躯，儿子的灵魂，她都要。儿子就是她的乐园，她的家，她的王国。

当雅罗米尔发出了第一个词"妈妈"时，玛曼欣喜若狂。后来，孩子又说出了"妈妈，生命真像这些野草"等美妙的话语。玛曼确信儿子不仅有才华，而且特别敏感。她常常在别人面前夸赞儿子。雅罗米尔也幻想着所有人都把他看作一个天才，一个特殊人物。由于他在入学前就学会了识字，玛曼决定让他直接上二年级。母亲节那天，他上台朗诵了一首关于母亲的动人的诗歌，赢得了长时间的掌声。圣诞节过后，老师让每个孩子到教室前面来谈谈节日。雅罗米尔大谈特谈他母亲为他准备的种种圣诞礼物。他注意到同学们用冷冷的目光看着他。不是财富，而是母爱，让他和他的同学产生了隔阂。他在学校里几乎没有朋友，只有一个被大家鄙弃的同学愿意和他交往。昆德拉都没有赋予这个同学一个名字，在书中始终称呼他为看门人的儿子。看门人常常向校长告学生的状，学生们就把仇恨发泄到他儿子身上。

一回，雅罗米尔和看门人的儿子在漫步时，遇见了一个男孩。他们上前戏弄那个男孩。男孩试图推开他们，雅罗米尔嚷道："你竟敢这样！你要为此付出代价！"看门人的儿子把这话当成信号，给了那男孩一拳。雅罗米尔发现：智力和体力可以结成完美的一对。

雅罗米尔在家里的女佣玛格达身上看到了一种悲伤的美。一天，玛格达正在沐浴时，他的眼睛凑近了钥匙孔。他的心在怦怦乱跳，玛格达的裸体激起了他的灵感。我没入水中 / 我的心跳在水面上荡起圆圈 / 啊，我水中的爱人！他就这样开始了诗歌创作。他把自己的诗拿给母亲看，母亲读后，流下了泪水，他们在彼此身上找到了安慰。

雅罗米尔的父亲被捕了，再也没有回来。从此，家里只剩下了母亲和儿子。母亲常常抚摩着儿子的头发，说它是天使的头发，但雅罗米尔却憎恨天使，喜欢魔鬼。玛曼认定，与雅罗米尔童年时代的相依为命对他俩来说是一份神圣的保证和契约。但她发现，随着年龄的增长，他正在违背这个契约。一次，当着客人的面，她教训了一通雅罗米尔。雅罗米尔发誓要投入改变世界的事业中。在写诗的同时，他开始参加一个马列主义小组的活动。小组中一个戴眼镜的姑娘主动向他伸出了手。他们漫步，接吻，沉浸在爱情之中。当雅罗米尔深夜回到家时，玛曼歇斯底里地叫道："你要气死我啦！你要气死我啦！"雅罗米尔吓坏了。一种罪恶感传遍他的全身。

革命爆发了，年轻的诗人发出了欢呼声，他对母亲说，革命是需要一定的暴力的。他郑重决定要参加共产党，母亲求他明智一点。

眼镜姑娘的父母外出了。她邀请雅罗米尔到家里来。雅罗米尔明白这意味着什么，并为此做了精心准备。他们接吻、拥抱、爱抚，可到关键时刻，雅罗米尔由于紧张，竟没有任何动作。他感到无限悲伤。他渴望躯体，但又害怕它。在无数爱情诗歌的旗帜下，他紧张地朝着一个女人的身躯前进。

趁母亲不在家，雅罗米尔邀请眼镜姑娘和他过夜。慌乱中，他注意到自己身上的激情正在消失。一夜下来，居然什么也没发生。姑娘伤心地说："你不爱我。"失恋的雅罗米尔开始手淫。他意识到，有比诗更重要的东西，那就是他的成年。玛曼发现他和姑娘交往后，开始像一只高度警惕的、慈爱的母老虎守护在他的身边。他企图逃跑，可怎么也摆脱不了她。

一位黑头发出纳员吸引了雅罗米尔的目光。他偷偷跟踪过她好几次。一天晚上，曾与黑头发出纳员住在一起的红头发姑娘走了出来。她告诉雅罗米尔她的同伴回老家结婚去了。红头发姑娘请雅罗米尔到屋里坐坐。雅罗米尔绝对没有想到，这个丑陋的姑娘竟激发起了他的热情，让他成了一个真正的男人。

雅罗米尔写起了革命诗。他的诗得到了发表，红头发姑娘用钦佩的目光望着他，他们一次又一次地做爱。可在最初的激情渐渐平息后，雅罗米尔发现他越来越受不了姑娘的唠叨。

看门人的儿子来找雅罗米尔，他现在在国家安全部工作。他读到了雅罗米尔的诗，为自己的老同学感到骄傲。他是特地来祝贺他的。雅罗米尔听后，心花怒放。他还告诉雅罗米尔，他们打算邀请一些诗人参加一场诗歌晚会，雅罗米尔也是被邀请者之一。"警察和诗歌，诗歌和警察，也许这两者比人们想象的更加紧密。"雅罗米尔说。在诗歌晚会上，雅罗米尔表现得十分出色，并引起了一个电影专业的女大学生的注意。当他同她单独在一起时，他突然想起自己穿了一条既难看又破旧的内裤。他怕在姑娘面前出洋相，不得不提前离去。他怀着仇恨想着他的母亲，正是她为他挑选的内裤。他感到母亲用一根长绳套住了他的脖子，紧紧抓住他。

他开始粗暴地对待红头发姑娘。一天，姑娘约会时迟到了二十分钟，他竟勃然大怒。无奈之中，姑娘撒了个谎，说她的哥哥决定非法离开祖国，她一直在竭力劝阻他。她以为这么一说，雅罗米尔就会原谅她的迟到了。他的确原谅了她的迟到，但他不能原谅她哥哥的背叛。他让姑娘去找警察，姑娘无论如何都不答应。于是，诗人踏上了国家安全部大楼的台阶。第二天，红头发姑娘就被警察带走了。

电影系女生邀请雅罗米尔去参加聚会。聚会中，他和一个男子争论了起来。那男子一把举起雅罗米尔，把他放在阳台的门槛上，并重重地踢了他一脚。诗人冻得浑身发抖，但为了尊严，他死也不肯回到房间。他知道，只有死亡的拥抱才能安慰他，只有死亡才能替他报仇，把那些嘲笑他的人变成杀人凶手。

年轻的诗人真的死了。

在经历了一段狂热的革命岁月后，昆德拉对抒情逐渐产生了怀疑。他在《被背叛的遗嘱》中有一段长长的文字，可以帮助我们了解他对抒情的态度：

一九四八年后，我明白了盲目的抒情在恐怖时期所扮演的至关重要的角色，对我来说，这恐怖时期是一个"诗人与刽子手共同统治"（《生活在别处》）的时代。那时我想起了马雅可夫斯基；对于俄国革命，他的才能与捷尔任斯基的安全警察同样不可或缺。
抒情性、抒情化、抒情的演讲、抒情的热情均属于
人们称之为专制世界的一个有机构成，这世界不是
一个简单的古拉格，这是一个四周围墙上涂满了诗
篇，人们在它面前载歌载舞的古拉格。①

昆德拉甚至觉得，"比起恐怖来，恐怖的抒情化更是个
难以摆脱的噩梦"。昆德拉之所以对抒情如此厌恶，用他自
己的话说，是因为"我自己的青春，我自己的'抒情年代'
和诗歌活动恰逢最恶劣的斯大林主义时期"，在那一时期，
他看到了太多抒情所带来的灾难和牺牲。捷克诗人康斯坦
丁·比布尔就是一个突出的例子。这位杰出的诗人，在一阵
盲目的激情后，跳楼摔死在布拉格街头。

《生活在别处》说的就是抒情，或者抒情的恐怖。其实，
小说最初的标题为《激情时代》，正好紧扣主题。但昆德拉
的一些朋友和书商认为这个标题过于平淡，过于一般，还容
易令人生厌。在他们的压力下，他才将它改为《生活在别处》
的。后来，昆德拉还为此后悔过哩。"生活在别处"是法国
诗人兰波的著名诗句。它成了一九六八年巴黎学生运动时的
响亮口号。因而，它本身就寓意着某种激情。小说中的雅罗
米尔从小就表现出特殊的诗歌敏感。他绝对是个有天分的诗

---

① 米兰·昆德拉:《被背叛的遗嘱》第 163～164 页，余中先译，上
海译文出版社，2003 年版。

人，然而，特殊的环境、特殊的社会和特殊的时代却让这位有天分的诗人仅仅停留于盲目的抒情，而盲目的抒情又在这位年轻诗人身上激发起种种恐怖的东西。抒情意味着青春，而青春又意味着缺乏经验。由于缺乏经验，雅罗米尔在同女人交往时屡屡失败。青春也意味着某种不成熟，因此，雅罗米尔一生都在母亲的掌控之中，永远都是"妈妈的宝宝"。抒情又有暴力的一面，因此它很容易和革命联姻。雅罗米尔就口口声声宣扬：革命需要一定的暴力！他同警察的亲近，他的告发，都是基于这一坚定的想法。小说中，雅罗米尔和看门人的儿子联手欺负另一个小孩的情景实际上就暗示了抒情的暴力倾向。雅罗米尔最后留给我们的是一个诗人、妈妈的宝宝、手淫者、空谈家、宣传工具和告发者的混合形象。一个可笑、可怕又可悲的混合体。而在雅罗米尔的抒情世界里，母亲扮演了神秘而重要的角色。在小说中，昆德拉还特意安排了一个虚幻的人物——泽维尔。他总是从一个梦过渡到另一个梦，总是处于行动之中。他实际上是雅罗米尔的另一个自我。昆德拉试图用他来反衬雅罗米尔性格的分裂。在《生活在别处》中，我们还可以看到昆德拉小说创作的一个新的倾向：有意突出人物的不真实性。正因如此，小说中的好几位人物都没有具体名字，只是被赋予"看门人的儿子""红头发姑娘""中年男人"等诸如此类的称呼。此外，作者常常让年轻诗人处于兰波、雪莱、普希金、莱蒙托夫等欧洲大诗人的影子之下，使得整部小说获得了更为宽广的历史空间。

由于描绘的是一个诗人的世界，因此整部小说处处弥漫着半现实、半梦幻的气息。语言极为诗意，诗意中我们又能清楚地听到嘲讽的声调。那是昆德拉的声调，是他对抒情的厌恶态度。有时，这种嘲讽过于强烈和明显，以致破坏了小说艺术的和谐，让读者过多感到了昆德拉本人的情绪。

西方有评论者将《生活在别处》当作《玩笑》的姐妹篇，称《玩笑》呈现出青春怀疑、质问的一面，而《生活在别处》则反映出青春激情、盲目的一面。作者在写这两本书时都有很强的清算意图。或许正是因为对抒情的怀疑和厌恶，昆德拉最终断然放弃了诗歌创作。在他的词典中，"诗人"已成为一个贬义词：一个在母亲的引领下在世界面前拼命炫耀自己的青年，而这个青年又没有能力进入世界。

在写完《生活在别处》后，昆德拉几乎没有停歇，就开始了《告别圆舞曲》的创作。小说于一九七一年完成。这一回，昆德拉压根儿没有企望在国内出版。很难想象这部作品写于那些灰色阴郁的日子。在那段日子，昆德拉夫妇还要忍受"遭人唾弃的恶劣境遇"。比起前几部小说来，《告别圆舞曲》更有趣，更好玩，恰如一个文学游戏。昆德拉称它为自己"最最亲爱的小说"。显然，它为凄惨中的昆德拉带来了不少的快乐。纯粹的小说的快乐。这部小说让我们看到了昆德拉后来反复提到的一个文学野心：将最严肃的问题和最轻松的形式结合于一体。

故事发生在一个矿泉疗养院。这是昆德拉偏爱的地点，有浪漫和神秘气息，有从容的时间和各种机会，同时也便于将人物和事件集中在一起。矛盾，或曰冲突，在第一时间就被揭示。女护士茹泽娜打电话告诉克利马她怀孕了，克利马听后惊慌失措。两个月前，这位著名的小号手带着乐队来到疗养院演出，邂逅了茹泽娜，并与她有过一夜风流。回到首都后，他几次收到女护士的来信，但都没有理睬。克利马暗示茹泽娜去堕胎，女护士听后反应激烈，说无论如何都要把孩子生下来。无奈之中，克利马只好到疗养院走一趟。

克利马的夫人凯米蕾美丽动人，却体弱多病，不得不放弃了歌唱生涯。克利马很爱自己的妻子，但并没为此改变他拈花惹草的习性。凯米蕾十分清楚，常常陷入无望的嫉妒。当丈夫说要去疗养院演出时，她怀疑他是去见某个女人，于是，决定偷偷前往疗养院，探个究竟。

克利马来到疗养院，首先找到了巴特里弗先生。巴特里弗是个美国富翁，长期住在疗养院。他是克利马在疗养院唯一的朋友。小号手将自己的困境一五一十地告诉了他。他答应帮助小号手解决问题。

巴特里弗带克利马去见斯克雷托大夫。斯克雷托是不育症专家，同时又是流产委员会主席。他见到小号手特别兴奋，因为他本人也是个业余鼓手。他自然愿意帮小号手的忙，但条件是希望和他共同举办一场音乐会。小号手只好同意。

克利马和茹泽娜约好见面时间和地点。女护士回到寓所准备好好打扮一下。她打开门，发现父亲正坐在沙发上呢。她父亲是市民文明秩序团成员，近来正和一些老头子一道四处打狗。人们都用嘲笑的目光望着他们。

克利马和茹泽娜在一个饭馆见面。见到女护士时，小号手显得异常亲热。饭馆里，不少人认出了小号手。女护士暗自得意。她相信，目睹他们在一起的人越多，他们的恋爱关系就越牢固。克利马觉得形势不妙，建议开车带茹泽娜出去逛逛。走出饭馆时，他们看到，有十来个上了年纪的人，排成一行，个个都佩戴着红臂章，每个人手上都举着一根长竿。克利马迷惑不解，女护士迅速将他拉开。

克利马用尽花言巧语让女护士相信他十分爱她。他表示愿意为她创造新的生活。他为她展现了一幅二人世界的美妙图景。他说他只想同她一起，尽情享受生活，而不愿任何其他人来到他们中间。女护士渐渐有点动心了。

就在他们俩说话时，一个骑摩托车的小伙子突然出现在他们面前，声称必须和茹泽娜谈谈。茹泽娜赶紧钻进汽车，把车窗摇上。克利马也随即上了车。透过挡风玻璃，他们看到那个青年高声叫嚷并挥舞着手臂。"那是个疯子，总在跟踪我。"女护士告诉小号手。

斯克雷托大夫的朋友雅库布抵达疗养院。他是来告别的。他已获得批准，第二天早晨就要移居国外了。离开祖国之前，他只想见见大夫和奥尔加。奥尔加是个失去双亲的女孩，在疗养院治疗。雅库布一直把她当作自己的女儿，他称自己是她的监护人。此外，雅库布还想把一片药还给斯克雷托大夫。当初，雅库布处境艰难，随时都想结束自己的生命，在他的一再请求下，斯克雷托大夫为他搞到了这种谁也不愿意给他的毒药。现在，他就要离开这个国家，再也不需要它了。

雅库布是个出色的心理学家，大夫请他分析一下巴特弗里。他想让巴特弗里收养他，这样就可获得美国国籍了。他已暗示他两年了，可那个美国佬一点反应也没有。雅库布建议他在适当的时候直截了当地把自己的想法告诉巴特弗里。出于一时的兴奋，大夫还将自己治疗不育症的方法透露给了雅库布。原来，斯克雷托大夫用自己的精液建立了一个精子库。他已用这种方法治愈了许多没有孩子的妇女，因为他发现不少女人生不出孩子，问题恰恰出在她们丈夫身上。想到自己的老朋友同这么多的女人生了这么多的孩子，而这些孩子实际上都是兄弟，雅库布感到一阵狂喜。

在同事们的唆使下，茹泽娜改变了主意，不想去堕胎了。为了保持镇静，同小号手摊牌前，她带上了一管安定药。就在小号手付账时，她拧开了那只管子，抖出一片药，吞了下去。小号手抓住她的手时，那只药管落到了桌布上。他们刚一离开，雅库布就坐到了那张空出来的桌上。他顺手捡起那只管子，看到了里面淡蓝色的药片。他下意识地拿出自己身上的药片，放进了管子，进行比较。就在这时，奥尔加出现了。他迅速盖上药管盖子，将它放在了桌上，站起来招呼奥尔加。在他们寒暄的时候，茹泽娜突然返回桌旁。"我把药忘在这里了。"她说完，就伸手去拿桌上的药管。雅库布急忙拦住她。女护士冲他大叫，他只好眼睁睁地看着她拿起药离去。奥尔加说个不停，而雅库布心里充满了忧虑。他明白拿走药管的女子随时都会有生命危险。他想无论任何都要找到她，向她说明真相。

音乐会开始了。一个年轻美丽的女子挤到了前排。克利马看到她时，差点昏了过去。那是他的夫人凯米蕾。巴特里弗和茹泽娜竟坐到了一起。那个骑摩托车的小伙子也来到音乐会现场，目不转睛地盯着小号手。

巴特里弗带着茹泽娜提前出来了。他们来到巴特里弗的房间。美国富翁对女护士格外温柔。当她问他为何对她这么好时，他回答："因为我爱你。"茹泽娜感到意外。那个骑摩托车的小伙子弗朗特和那个著名的小号手克利马都在她面前说过这句话，但唯独此刻，她才真正听见了爱的召唤。他开始脱她的衣服，她没有抵抗。她整个身子都转向他的眼睛，仿佛一朵葵花转向太阳。

雅库布和奥尔加回到房间，奥尔加说个不停。雅库布不断提醒自己：赶紧去找那个女护士。忽然，奥尔加朝他俯下身来说："我想要吻你。"他吓坏了，但并没有阻止她。她解开他的夹克衫纽扣，猛地一拉，把它脱了下来。

弗朗特仍在盯着小号手。小号手从酒吧里出来了，一个女人紧紧依偎着他。他相信这就是茹泽娜，走近一看，却是另一个女人。

克利马打了一个盹就醒了。他想在茹泽娜上班前截住她。凯米蕾还在睡觉。他悄悄走出房门，径直来到二楼候诊室。没想到，茹泽娜爽快地答应了他的要求。

雅库布打电话找茹泽娜。接电话的人说女护士正忙着呢。他感到巨大的轻松。茹泽娜还活着。这说明那片药是假的。他的朋友只是给了他一个死亡的假象。现在，他唯一要做的事情就是同奥尔加和斯克雷托告别了。

弗朗特跟踪克利马和茹泽娜来到一个诊室前。他一看到墙上的几个字，就什么都明白了。他冲进诊室，大叫大嚷："我是父亲，我不准你们谋杀我的孩子。"惊慌之中，茹泽娜打开手提包，拿出一片药，吃了下去。她忽然感到胃部一阵剧痛。弗朗特看着她弯曲着身子，用手按着腹部，倒在了地上……

《告别圆舞曲》英文版的标题为《为了告别的聚会》，含义似乎更加明朗。昆德拉显然把世界的悖谬、转化和不确定性当作小说的主题。这部小说还体现了昆德拉对小说艺术的诸多思考，因而，也可以说，它是这些思考的具体落实。

同《玩笑》和《生活在别处》不同，这部小说中的地点实际上是模糊的。作者只说到矿泉疗养院，并没有具体交代在哪个国家和哪个地区。地点模糊，反而获得了一种普遍性和游戏性。小说有好几条重要线索，有时平行，有时交叉，因此主人公也就有好几个。或者，更准确地说，他们都是主人公，又都不是主人公，仅仅是一些符号，一些不断变化的虚假的符号。克利马的所有麻烦都基于茹泽娜肚子里的那个孩子。有趣的是，人们永远都不会知道那个孩子到底是谁的。雅库布一直想充当奥尔加的监护人和父亲的角色，可最终又和奥尔加上了床。斯克雷托利用自己的精子治疗众多女子的不育。弗朗特坚信自己是杀害茹泽娜的凶手，不知不觉中受到命运的戏弄。雅库布明明知道茹泽娜阴差阳错中拿走了毒药，却迟迟没有真正挽救的行动。就在他以为茹泽娜平安无事时，悲剧恰恰发生了。这样一来，他在离开祖国的时候，又多了一个凶手的身份，而他自己还蒙在鼓里呢。斯克雷托从巴特里弗的朋友变成了他的儿子，就为了要得到美国国籍……一切都是变化的，一切都是不确定的，一切也就都是可疑的，甚至可笑的。你以为的悲剧可能就是喜剧，而你认为的喜剧可能就是悲剧。没有任何绝对。

故事发生的空间其实十分有限，严格说来就在两幢楼里，马克斯楼和里士满楼；时间也相当短暂，只有五天。但有限的时间和空间却为作者的笔提供了无限的可能性。那么多的故事，那么多的人物，仿佛一场声势浩大的会演，很热闹，也很戏剧化，难怪昆德拉本人都称这部小说为"一部五幕闹剧"。

　　小说的主题应该说很严肃，甚至很严峻了，但表达方式却又如此轻松。昆德拉故意采用一种幽默、滑稽、夸张的语调，使得整部小说好玩也好读。小说中，几十个老头戴着臂章，挥舞着长竿围剿狗的场面乍一看滑稽好笑，但再一想却有恐怖意味。这一场面还具有历史的意义。据昆德拉本人介绍，苏联入侵后，真的在捷克斯洛伐克开展过一场打狗运动。斯克雷托大夫的治疗方法也让人忍俊不禁。按照这一治疗方式，若干年后，到处都有他的儿子。他们彼此之间是兄弟，可对此却一无所知。昆德拉的这种幽默轻松的语调也将是他以后所有小说中的基本语调。这一语调似乎很适合表达他的一种思想：一切都值得怀疑，一切都不能当真，但最最可笑的是，人类对此却浑然不觉。

　　此外，性爱场面和哲理式讨论等昆德拉小说标志性的因素在此小说中也开始引人注目。

　　这一期间，昆德拉还意外地收获了一部作品，那就是剧本《雅克和他的主人》。关于该剧产生的背景，他有详细的介绍：

　　　　一九六八年，当俄国人占领了我那弱小的国家时，我的全部书籍都遭到了禁止，我一下子失去了所有合法的谋生手段。许多人想方设法帮助我。一天，来了位导演，他建议我以他的名义将陀思妥耶夫斯基的《白痴》改编成剧本。

于是，我重读了一遍《白痴》，意识到即使饿死，我也不会干这种事的。陀思妥耶夫斯基的世界里充斥着夸张的姿势、阴沉的深奥以及过度的伤感，实在令我反感。突然间，我的心中涌动起一阵难以言说的对《宿命论者雅克》的深切的怀念。

"您不愿让狄德罗取代一下陀思妥耶夫斯基吗？"

不，他不干。而我恰恰相反，怎么也摆脱不了这一奇怪的愿望。为了尽可能长久地与雅克和他的主人相伴，我开始将他们描绘成我的一个剧本中的人物。

昆德拉第一次读《宿命论者雅克》时就被它的"大胆的、不合成规的手法所惊呆"。"在这部丰富多彩的作品里，思辨与故事并行，一个故事套着另一个故事"，这种"美妙的混乱"迷住了昆德拉，同时也给了他许多启发。他觉得它是一场"机智、幽默和幻想的筵席"，散发出浓郁的自由精神。他甚至认为，倘若没有《宿命论者雅克》，小说的历史将会是不完整和不可理解的。正因如此，他写《雅克和他的主人》，最主要的动力是向狄德罗这位被世人所忽略的小说家表示敬意，并深深地感受一下那种自由精神。那种自由精神对困境中的昆德拉是多么的宝贵。

《雅克和他的主人》是一出三幕剧。剧中的雅克和他的主人在旅途中，既不知从哪里来，也不知到哪里去。他们漫无边际地讲着，又屡次三番地互相打断，有时满口胡言，有时又异常严肃，这样断断续续讲出的故事就显得格外自由、随意、好玩，甚至不正经。昆德拉反复强调《雅克和他的主人》不是改编，而是自己的创作，他自己的"狄德罗变奏曲"。这一变奏代表着多方面的邂逅：既是两个作家的邂逅，也是两个世纪的邂逅，还是小说和戏剧的邂逅。昆德拉说他为这一剧本设计了这样的结构：在雅克和他的主人的旅行这一脆弱的基座上放置了三个爱情故事：主人的，雅克的，波默雷伊夫人的。前两个故事松散地与旅行的结果联结着，而占了整个第二幕的第三个故事，从技术角度来看，纯粹是段插曲，没有与主要情节融为一体。这显然违背了戏剧结构的"规律"。然而，这正是他押下赌注的所在：在放弃情节严格协调的情况下，努力通过复调音乐和变奏曲的技巧来创造一个紧凑的整体。三个故事掺和在一起，而不是按顺序讲述，每一个实际上都是另外两个的变奏。

如此的结构使得我们很难简单复述这一剧本的剧情。唯有完整细致的阅读，才能让我们领略它的奇特。

昆德拉在写《告别圆舞曲》和《雅克和他的主人》时，怀有纪念和告别的心情：纪念从前的作品，同时"以消遣的形式"告别作家生涯。此时，他就像《告别圆舞曲》中的雅库布一样，去心已定。

　　没过多久，让昆德拉欣喜的消息传来:《生活在别处》于一九七三年在法国出版，并获得当年的美第契奖最佳外国作品奖。一年后，它又同美国读者见了面。这些消息在一定程度上帮助昆德拉度过了那段难熬的日子。

十、流亡：来到精神故乡

　　一九七五年，在法国议会主席埃德加·伏奥雷的亲自请求下，捷克政府特准米兰·昆德拉和他的妻子维拉·昆德拉前往法国。关于离别时的情景，昆德拉只淡淡地说了一句："我和妻子，带着四个手提箱和几纸箱的书，坐车走了。"

　　实际情形绝不会如此简单。太复杂的心理，还是不说为好。昆德拉选择了沉默。而沉默有时比言说更加耐人寻味。

　　我们不禁想起《告别圆舞曲》中的重要人物雅库布离开祖国时的情景：他开着车，来到了广阔的乡村。离边境约有四小时的路程，他并不想开得太快。想到自己将再也看不到自己的祖国，他顿时觉得这块土地具有了一种珍贵的性质。他发现自己并不了解它，它看上去同他心目中的样子不太一样。他很想再逗留一会儿。然而，他意识到，拖延他的离去，无论是一天还是一年，都不会真正改变什么。不管他逗留多久，他都不会再深切地重新认识这个国家了……他觉得他已舍弃了祖国。他拙劣地爱它，他那冷冷的、失败的爱让他感到悲伤。他想，也许正是骄傲阻止了他爱他的祖国，一种崇高和优美所造成的骄傲，一种使他不喜欢自己的同胞，使他痛恨他们的愚蠢的骄傲……

昆德拉仿佛在预言他的别离，在预言别离时难以言传的心情。

关键时刻，法国向他张开了双臂。流亡法国，可以说是昆德拉所能想到的最好的出路了。他从不掩饰自己对法国，尤其是法国文化的迷恋。在他的心目中，法国始终是欧洲文化的中心，是他的精神故乡。昆德拉一再声称，捷克属于中欧，而非东欧，实际上也是同法国的一种贴近。

法国还有那么多他喜爱的作家，拉伯雷、狄德罗、波德莱尔、兰波、阿波利奈尔等。他还很钦佩法国所有超现实主义艺术家。他在十几岁时，就读过拉伯雷的《巨人传》，竟读得如痴如醉，爱不释手。后来，《巨人传》还给他带来不少无限快乐的时光。来看一段他的生动回忆吧：

> 我记得我二十岁时，曾住在一个工人宿舍里，我的《巨人传》捷克文本就放在床头。我三番五次地给那些对这本书深感好奇的工友读这个故事，读到后来，他们竟把它记住了。尽管他们都是些带着农民的保守的道德观念的人，但在他们的笑声中可以听出，他们对那以脏话与尿水向美人进行骚扰的家伙没有一丝一毫的谴责。他们是那么地赞赏他，竟至于把他的名字送给我们的一个同伴当绰号。

哦，对了，不是给一个追女人的老手，而是给一个
天真得、贞洁得有些离奇的青年人，他在洗澡时都
怕被同伴看见他光着身子。我的耳边仿佛仍然响着
他们的叫喊声："巴努尔克（这是捷克语的发音），
去洗澡！不然，我们要拿狗尿给你淋浴了！"①

昆德拉发觉拉伯雷的这部小说有"一种无与伦比的丰富
性"。"真实性和非真实性、寓意、讽刺、巨人和常人、趣闻、
沉思、真实的与异想天开的游历、博学的哲理论争、纯粹的
词语技巧的离题话"如此美妙地糅合在一起。

拉伯雷还发明了幽默。昆德拉极为看重幽默，认为它
是小说的十分宝贵的品质，是奥克塔维奥·帕斯所说的"现
代精神的伟大发明"。他的小说中就处处散发出幽默的气息。
在他看来，不懂得幽默，就不懂得小说。昆德拉说："假如有
人问我，什么是在我的读者与我之间产生误解的最常见的原
因，我会毫不犹豫地回答，'幽默'。"他本人就碰到过类似
的尴尬。那是他来到法国后不久，对一切都很腻烦。一个著
名的医学教授在读了《告别圆舞曲》之后，极为喜欢，希望
见见作者本人，昆德拉自然十分乐意。教授说小说中斯克雷
托大夫治疗不育妇女的方法极富预见意义，实际上已涉及未
来的一大问题。教授还邀请昆德拉参加一个关于人工授精的

---

① 米兰·昆德拉：《被背叛的遗嘱》第 32 ~ 33 页，余中先译，上海
译文出版社，2003 年版。

学术讨论会。在宣读论文时，教授说，尽管他对昆德拉抱有敬意，但还是要批评他没能以足够有力的方式，表达清楚提供精液行为的道德之美。昆德拉为自己辩护道：小说是喜剧。他笔下的大夫是一个异想天开的人。不应该把一切都那么当真。这时，教授反问了一句："那么，我们不该把您的小说当真喽。"昆德拉被问得莫名其妙。突然，他意识到，再没有比懂得幽默更困难的事情了。

昆德拉给幽默下的定义："幽默是一道神圣的闪光，它在它的道德含糊之中发现了世界，它在它无法评判他人的无能中发现了人；幽默是对人世之事之相对性的自觉的迷醉，是来自于确信世上没有确信之事的奇妙的欢娱。"

每每遇到幽默不被理解的尴尬的时刻，昆德拉便会无限怀念拉伯雷及其不朽的著作《巨人传》。时常让他怀念的自然还有狄德罗。昆德拉对他的喜爱我们在前面已经提及。在昆德拉的眼中，狄德罗是自由、理性和批判的化身，是十八世纪小说的代表。昆德拉称赞拉伯雷和狄德罗"在小说形式方面是所有时代最最了不起的实验者"，"因为他们发现了小说形式的幽默"。他们让他看到了小说的无穷的可能性，因此，他永远都不同意小说已穷尽所有可能性的说法。他们也让他对法国有了一种特别的亲近感。

在此之前，昆德拉曾多次到过法国，在法国有不少朋友和熟人。他在捷克也曾接待过许多来自巴黎的朋友。他的小说全都首先被译成了法文。法国著名诗人阿拉贡还为他的小说《玩笑》写了热情洋溢的序言。所有这些使得他和法国产生了紧密的关联。

　　昆德拉来到法国后，经由法国作家费尔南德斯的举荐，先在雷恩大学担任助教。雷恩是法国西北部城市，伊尔—维兰省首府，一七二〇年曾被一场大火烧毁，后来重建，城内有不少教堂和博物馆，它还是法国重要的商业和农业中心，一个安静的地方。在雷恩的那几年，他们夫妇学习语言，适应生活，尽可能地了解法国的方方面面，日子过得相当幸福。在流亡之初，有相当一段时间，昆德拉成了地地道道的公众人物。他上电视，接受采访，发表谈话，撰写文章，利用各种场合向人们讲述苏联入侵后捷克斯洛伐克的情形。他自己后来在解释这一行为时说那完全是形势所迫，因为当时，他"也许是唯一面对全世界报纸的捷克人，有可能解释一切，说明被俄国人占领的叫作捷克斯洛伐克的国家究竟怎么了"。一九七八年，他们定居巴黎，昆德拉开始在巴黎社会科学高级研究学校教课。此时，他已渐渐融入法国文化和生活。

十一、《笑忘录》：重新拿起笔

在写完《告别圆舞曲》之后，昆德拉以为自己的写作生涯从此结束了。很长一段时间，他和妻子不得不为生计伤脑筋。只是在到达法国一年后，生活完全安定了下来，他才重新有了写作的念头。仔细一算，到这时，他已有整整六年没有动笔了。

也许是挫折、磨难和动荡消耗了太多的精力和心情，重新拿起笔时，昆德拉发现自己竟没有多少创作激情。他感到不安。为了慢慢进入状态，他打算再写一些类似《可笑的爱》的短篇。"这是何等的倒退啊！二十年前，我正是以这些短篇小说开始踏上小说创作之路的。"昆德拉感慨。

但写着写着，他欣喜地意识到，自己实际上在写一些全然不同的东西：不是一部短篇小说集，而是一部长篇小说。小说中有七个独立的部分，共同的主题将它们串联成一个整体。

昆德拉命名它为《笑忘录》。先来看看这部特殊的长篇小说吧。

第一部　失去的信件

米瑞克说，人与强权的斗争是记忆与遗忘的斗争。

他因工伤正在家里休假。形势越来越恶化。他打算把那些文稿转移到安全的地方去。不过，他想首先从泽德娜那里要回过去的信件。泽德娜是他二十多年前的情人。

他开车去泽德娜的住处。从反光镜里，他发现有人在跟踪他。路上，他在想，现在和过去不同，一切很容易被淹没，被忘记。

泽德娜让他感到羞愧。原因是：她长得太丑了。他一直不愿承认，他找了一个丑陋的情人，因为他没有勇气去追求那些漂亮女人。

"还记得我从前寄给你的那些信件吗？我想把它们要回去。"他对泽德娜说。

"没错，那些信，我一直在读。谁能相信，你竟会有火药般的爱情？"泽德娜不冷不热地说。

她问他到底想要那些信件干什么。他不好说他想把它们扔进垃圾箱，只是假惺惺地声称，到了他这样的年纪，该好好审视一番过去的生活了。

但她明确无误地告诉他，她绝不会把这些信给他。

他无比沮丧。回到家时，几名特工已在等着他。他们搜出了那些文稿并逮捕了他和他儿子。

第二部　母亲

有一段时间，母亲动辄发脾气，很难相处。凯雷尔只好和玛克塔搬了出去。父亲死后，母亲孤苦伶仃。夫妇俩决定邀请母亲来住上一星期。

一星期很快过去。他们准备第二天送母亲去火车站。可母亲却宣布，她还要住两天。凯雷尔和玛克塔无可奈何。

母亲变了，对一切都很满意，对一切都很感激。以前，她可不是这样。他们清楚地记得，邻国的坦克开进来占领他们国家的时候，母亲却想让人来帮她摘梨。他们当时简直气疯了。所有人都在考虑坦克的事，母亲却只关心家里的梨。但随着时间的推移，凯雷尔觉得母亲也有她的道理：坦克终归是要消失的，而梨却是永恒的。

爱娃应邀来访。玛克塔告诉她凯雷尔的母亲正和他们住在一起。爱娃一点也不介意。爱娃不相信爱情，只相信友谊和感官享受。她和凯雷儿夫妇都有性爱关系。有时，他们在一起玩三角性爱游戏。

母亲不得不承认儿子和媳妇待她比从前好一些了。她见到爱娃也特别开心。两个人竟然聊了两个多小时。母亲盯着爱娃看了很久。"你使我想起了某个人，可到底是谁呢？"母亲对爱娃说。

母亲回房间去了。爱娃和玛凯塔一同去洗澡。凯雷尔打开了一瓶酒。就在他们打算好好享受一个愉快的夜晚的时候，母亲突然又闯了进来。她兴奋地告诉大家她想起来了。爱娃像诺娜。凯雷尔对诺娜有深刻的印象，他在很小的时候，曾见过光着身子的诺娜。母亲的眼神越来越成问题了。她把石头当成了村庄，把爱娃当成了诺娜。诺娜可是个大美人。那一晚，那个美人一直占据着凯雷尔的心灵，让他变得格外亢奋。因此，他对母亲充满了感激。

第三部　天使们

按照老师拉斐尔夫人的要求，美国女生盖布里埃尔和米歇尔正在分析欧仁·尤内斯库的剧作《犀牛》，准备在下次上课时作一个报告。她们觉得作者利用犀牛这个象征，是为了制造一种喜剧效果。于是她们去文具店买了胶水、橡皮筋和几小包彩纸。

俄国人占领我的祖国后，我失去了工作。许多年轻的朋友想帮我。有个女编辑请我化名为他们的刊物开一个占星学专栏。一天，那个女孩说他们的主编对我的文章很感兴趣，想请我为他占卦一下命运。我愉快地答应了。后来，女孩和我大笑了一场。她的上司有所改变了，不像先前那么坏了。

有两种笑：天使的笑和魔鬼的笑。人们很难用言辞区分它们。

拉斐尔夫人一生都在寻找那么一群人，可以和他们手拉着手在一个圆圈里跳舞。最后，她希望至少能和自己的学生融为一体。这意味着一个单一的身体，一个单一的灵魂，一个单一的圈子和一个单一的舞蹈。

捷克超现实主义诗人扎韦斯·卡兰德拉因颠覆国家罪被判绞刑。法国超现实主义诗人保罗·艾吕雅拒绝营救他的布拉格老朋友，却在为舞蹈的年轻人朗诵诗歌。

报社的女编辑约我见面。她告诉我警察已发现是我在办占星学专栏。他们审讯了她。怎么能请一个党和人民不信任的人写文章呢？她因此丢掉了工作。谁也不敢再雇用她了。

上课了。盖布里埃尔和米歇尔开始作报告。她们把圆锥形道具戴在头上，面对面站着，发出奇怪的声音。她们想阐明两点：一、犀牛有一只角位于鼻子上方；二、作者用犀牛不过想制造一些滑稽效果。一位以色列女生想出她们的洋相，走上去踢了她们几脚。美国女孩哭了起来。拉斐尔夫人以为这是她们事先排好的节目的一部分，哈哈笑了起来。听到自己敬爱的老师在笑，两个女孩觉得被出卖了，哭得更厉害了。拉斐尔夫人把她们的抽搐当成了舞蹈。她笑得太厉害，结果也哭了。她走向那两个心爱的学生，拉着她们的手，在全班人面前转了起来。

第四部　失去的信件

塔米娜在一家小餐馆当女招待，收入少得可怜。大家都喜欢和她聊聊天。她是个很好的听众。

不久以前，碧碧告诉塔米娜她和丈夫正在考虑去布拉格度假。塔米娜问她能否帮她带一个小包裹回来。碧碧爽快地答应了。塔米娜打电话给婆婆，请她找一找那个小包裹。婆婆很不耐烦，矢口否认说，根本没有什么小包裹。

塔米娜和丈夫是非法离开自己的国家的。他们不敢带那个装有他们信件和日记的包裹。安全起见，他们在走之前把它转移到了塔米娜的婆婆家。

丈夫死后，塔米娜试图恢复对某些往事的回忆，可总有一些细节，她怎么也记不起来了。因此，她迫切地想拿到那些信件和日记。

雨果时常光顾小餐馆。他总是贪婪地注视着塔米娜。他想请塔米娜出去吃晚饭，塔米娜没有拒绝，因为他家有台电话。碧碧变卦了，不去布拉格了，雨果自告奋勇要去为塔米娜取回包裹。现在，雨果是她唯一的希望。

失去丈夫后，塔米娜从来没和别人做过爱。只要她想到在一个男人面前脱光衣服，她就会看见丈夫的形象。

和塔米娜单独在一起的时候，雨果突然抱住了她。她没有反抗，只是把头偏向一边。雨果疯狂地扭动着，但塔米娜始终冷冷的。雨果意识到她根本不爱他。她和他待在一起的唯一理由是，需要他去一趟布拉格。

雨果婉转地告诉塔米娜他去不了布拉格了。塔米娜感到一阵恶心。她觉得自己再也记不起丈夫的模样了。反胃的记忆要比柔情的记忆强多了。从此，她再也不提包裹的事了。

第五部　利多斯特

克里斯蒂娜是一个屠夫的妻子，二十多岁，有一个孩子。小镇的生活是枯燥无味的。当那个布拉格来的学生约她见面时，她没有拒绝。可就在他抚摩她时，她总是把双腿夹得紧紧的。学生回去时，让克里斯蒂娜什么时候找个借口到布拉格来。

利多斯特是一个捷克语词，意义极为丰富，表达像手风琴一样无限的感情和多种情感交织在一起的心态：痛苦、同情、悔恨和难以言传的渴望。

她是早上到的。学生和她在一个餐馆见面。他见到她时，大为失望。她穿戴得太土气了。就在那天晚上，有一场诗人的聚会。学生也应邀参加。听说那个伟大的诗人也要光临时，她鼓励他去。她自己则在学生的阁楼里等他。她委托学生请那个伟大诗人签个名。

一些重要的诗人都在场。那个伟大的诗人也来了。我们就不说出他们的真名，而是用一些闪光的名字称呼他们吧。那个伟大的诗人就叫歌德，坐在他对面的是莱蒙托夫，还有彼德拉克、叶塞宁等，他们正谈得热火朝天哩。

彼德拉克讲起了自己的故事。一个女孩深夜闯入他家，向他表示崇拜和爱慕。莱蒙托夫根本不相信。彼德拉克说他是在嫉妒。歌德也嘲笑起他来。莱蒙托夫感到极大的侮辱。关键时刻，那个学生站出来为莱蒙托夫说了几句公道话。

歌德友好地转向学生。学生想请歌德为克里斯蒂娜签个名。歌德问起她的情况。学生如实地告诉了他。歌德尤其欣赏她身上的土气，觉得一个小镇的屠夫的妻子当诗人的情人，真是再好不过了。学生听后，感到心花怒放。

学生兴冲冲地回到自己的阁楼。看到歌德的亲笔题词，屠夫的妻子激动万分，一把抱住了学生。他们开始狂热地拥抱和接吻。当学生试图分开她的双腿时，克里斯蒂娜依然把腿夹得紧紧的。当他第二十五次企图强行分开她的腿时，她终于说话了："不要这样。那会要我的命的。"学生无比感动。他明白，她太爱他了，以至于害怕和他做爱。

临别时，屠夫的妻子对学生说："我希望你不要为昨夜的事生气。那真的会要我的命的。在我生下第一个孩子后，医生告诫我说，我再也不能怀孕了。"

听了这番话后，那学生的心里充满了利多斯特。

第六部　天使们

塔米娜继续在那个西欧小镇的餐馆里端咖啡。但她不再有任何兴致听顾客唠叨了。一天，她没有来上班。老板娘去她住处找她。怎么按门铃，都没人开。她报了警。警察把门撞开，发现房间收拾得好好的，没有什么可疑迹象。最后，他们把她列入"永久性失踪"那类人中。

事实上，塔米娜无法原谅自己忘记了过去，在一个年轻男子的建议下，去了一个特别的地方，那里没有悔恨，一切都没有重量，像微风一样轻盈。

那个男子叫拉斐尔。他们来到一个荒无人烟的河岸边。突然，十二个男孩出现在塔米娜面前，朝她微笑。拉斐尔也在微笑。接着，他们全都大笑了起来。她也跟着他们一起笑。

塔米娜和一个男孩上了船。没过多久，他们来到一个长满青草和树木的地方。男孩带塔米娜走进一幢白色建筑。一个女孩指了指一个床铺，对塔米娜说："你就睡这儿吧。"

塔米娜发现自己身处儿童世界，想要回去。她开始奔跑。可跑了两个多小时，又看到了那幢白房子。她意识到自己在一座岛上。十多个孩子齐声喊道："和我们一块儿玩吧，塔米娜！"

现在她只能和孩子们在一起了。那条船早已无影无踪，周围是无边无际的水。渐渐地，她喜欢上了这个地方。她和孩子们做爱情游戏。孩子们争先恐后地拥抱她、抚摩她、亲吻她。他们还细细打量她的裸体。没过多久，她的那些小情人之间也产生了嫉妒和敌意。有人狠狠地捏了一下她的乳头，她尖叫一声轰走了所有的孩子。从此，她不再和孩子们玩任何游戏了。

顿时，这个像风一般轻盈的王国失去了和平。孩子们把憎恨全都发泄到了塔米娜身上。塔米娜感到她一刻也不能忍受了。在孩子们的追赶下，她跳入水中。她游啊游，但根本不知道要游向哪里。她的双腿变得越来越沉重，像铅一般一个劲儿地把她往水底拉。最后，她在水下消失了。

第七部　边界

杨是一个出了名的花花公子。认识了艾德韦格后，他决定放弃原先那种空虚而又紊乱的生活，离开他居住的西欧小镇，到美国去闯一番事业。他近来还一直在考虑边界问题。他发现，万事万物一旦越过那条薄薄的边界，意义就会彻底丧失。

十年前，他常常和一个已婚女子幽会。由于她要上班，时间很紧，他们每次见面，都得速战速决。他们匆匆地脱衣，匆匆地做爱，又匆匆地穿衣。有一回，就在面对面脱衣的时候，弯着身子的她抬起头来看了他一眼，笑了笑。她的笑让他感觉到整个场景的荒唐。他努力克制住自己，没有笑。他明白，一旦放松，他肯定会捧腹大笑。那样，他们就无法再做爱了。

老朋友巴塞尔死了。杨和克莱韦斯等几位朋友去参加葬礼。就在葬礼举行的时候，一阵风将克莱韦斯的帽子吹到了墓穴中，正好扣在了棺材上。所有人都在进行一场反抗笑的战斗。

巴巴拉常常在家里举行性聚会。她邀请杨参加。想到自己不久就要永远离开这里，杨答应了。她这次请了二十来个人，参加者全都脱得一丝不挂，做各种各样的性爱游戏。巴巴拉在一旁监督。闹腾完毕后，按照常规，她要召集大家开总结会。她让大伙儿在她旁边坐成半圆形，然后戴上眼镜，开始一一评点。表现好的会得到她的表扬，而表现差的会受到她的批评。目睹如此的场景，杨实在忍不住，眼泪都笑出来了。

一部表面上看来东拼西凑、杂乱无章的文本，一部情节上看来彼此几乎毫无关联的小说。它算小说吗？如果算的话，那么，它算长篇小说吗？就连美国著名小说家菲利普·罗思在同昆德拉对谈时，也提出了这一疑问。

昆德拉明确无误地表示，《笑忘录》确确实实是一部小说，而且是一部长篇小说。他的理论是：小说是以带有虚构人物的剧本为基础的长篇综合性散文，这就是小说仅有的限制。讽刺文，小说叙述，自传片段，史料，幻想，沉思，等等，小说的综合力能把所有这一切组织成为一个统一的整体。一部书的统一性不需从情节中产生，而能由主题提供。《笑忘录》就是这样一本由主题来统一的书。这实际上是变奏曲的策略。因此，昆德拉称《笑忘录》是一本以变奏曲形式写成的小说。

昆德拉重点探讨了笑和忘这两个主题，在此基础上还旁涉了历史、天使、边界、性爱、极权主义、儿童统治等次主题。看得出，他是带着深深的忧虑和幻灭感写此书的。苏联的入侵让他意识到，捷克民族随时都有可能被悄悄抹掉。他甚至觉得，整个欧洲都十分脆弱，在劫难逃。正是在这样的背景下，他开始思索一些人们容易忽略的问题，比如：笑和忘。

米瑞克本来应该把那些危险的文稿转移到一个安全的地方。但他觉得自己和泽德娜几十年前的情人关系荒唐可笑，丢人现眼，于是，想先从泽德娜那里取回当时写给她的情书。那是一段耻辱的历史，是一个污点。他要抹去那个污点。泽德娜死活也不愿意给他那些情书。他沮丧地回到家时，警察已在等着将他逮捕。结果，他本人像一个污点被历史抹掉了。通过米瑞克，昆德拉又一次想告诉我们，人在历史面前显得那么渺小，那么无奈，那么可笑。

母亲在邻国坦克入侵的时候，却一心想着自家园子里的梨子。凯雷尔夫妇当时气疯了。可随着时间的推移，凯雷尔觉得母亲也不无道理，因为毕竟坦克是会消失的，而梨子是永恒的。这是历史主题的一个变奏。恰恰在梨面前，历史显出了它的局限和脆弱。这很好笑。

笑有两种：魔鬼的笑和天使的笑。魔鬼的笑试图剥夺一切的意义。天使的笑努力赋予一切以意义。但笑到极端，魔鬼的笑和天使的笑混在一起，谁又能分得清呢？

米瑞克一门心思要毁灭自己的信件，而塔米娜却想方设法要重温自己的信件。她发现了遗忘的可怕。昆德拉发现，当一个大国想要剥夺一个小国的民族意识时，它采用的方法就是"有步骤的遗忘"。一个丧失过去意识的民族也就一步步地丧失了它的自我。

出于深化主题的需要，昆德拉一方面将个人经历和历史场景等真实材料直接插进小说；另一方面又将梦和幻觉等虚构情形引入小说。它们都是小说不可分割的部分，都享有同等的重要性。昆德拉写占卜学专栏的经过，艾吕雅飞翔在布拉格上空的情形，哥特瓦尔德头上的帽子，美国学生脸上的道具，米瑞克被特工的跟踪，塔米娜被孩子的追逐……所有这些并置一起，使得小说产生了虚和实、轻和重、生活和艺术、政治和小说的强烈反差。

小说中还有大段大段的性爱描写。事实上，昆德拉以前的小说中也不时地有一些性爱描写，但大多比较温和，篇幅也相对有限。从《笑忘录》开始，他小说中的性描写无论从程度还是篇幅来看，都大大迈进了一步。从此，激烈的性爱描写将成为他小说的另一重要特色。毋庸讳言，这也为他争取到了不少的读者。人们不禁要说，这或许是他到了法国，写作上再也没有任何禁忌的缘故。他本人当然更愿意从小说艺术角度来谈这一问题。他感到，性爱场面能产生一道极其强烈的光，可以一下子揭示人物的本质，展现他们最最真实的生活景况。

另外还有一点尤其值得注意，从《笑忘录》开始，昆德拉本人常常从作品背后跳出来，以小说人物的身份，发表议论，陷入沉思或进行评说，有意打破小说的连贯性和真实性，将读者的注意力引向一些严肃的思考。

《笑忘录》于一九七七年完成，一九七九年在巴黎出版。它是昆德拉移居法国后写的第一部小说。昆德拉称它为一本表达对捷克思念之情的书。尽管小说写得有些杂乱、粗糙和极端，但毕竟证明了昆德拉继续写作的可能性。在法国写作，环境不同，读者对象不同，昆德拉别有一番感觉。他说，一想到捷克公众不会读到，心里就充满了自由和自信，这甚至让他着迷，因为在小国家有一种令人讨厌的、公众施加的压力。这弄得你疲惫不堪，有时候甚至让你畏惧。你也许不能写你想写的东西。在法国，自然不存在这一问题。

在此期间，昆德拉在捷克国内时写下的《告别圆舞曲》先后在美国、法国和意大利等国出版，还为他赢得了意大利蒙德罗文学奖。他亲自翻译成法文的《雅克和他的主人》也在法国出版并被搬上了舞台。他本人又被聘为巴黎社会科学高级研究学校教授并获得美国密执安大学名誉博士学位。短短几年内，他一跃成为法国最受欢迎的外国作家之一。按理说，光靠稿酬，他和夫人已经可以无忧无虑地生活了。但他依然不愿放弃大学的讲坛。他的理由是：不能完全靠文学挣钱，因为这样绝对会有损自己的写作。再说，讲课既能让你接触新知识，又能让你结交新朋友。他承认自己过不了那种离群索居的生活。他在捷克就有过十多年的讲课经验。他喜欢讲课，也是学生们公认的出色教师。巴黎一位女生回忆说："他是个优秀的教授，幽默诙谐，每次都认真备课。课后请大家去咖啡馆自由讨论。学生们都很崇拜他。"

此外，他还经历了生命中的两件大事：一是一九七九年丧失捷克国籍；二是一九八一年成为法国公民。

关于第一件事，他在接受美国记者埃尔格雷勃里的采访时说道：

有一天，我收到一封短信，通知我说我的公民身份已被剥夺。这封信本身就写得实在没有水平，错字连篇！就其粗野性来说，堪称一份妙文。对于采取的决定，信中只作了一句话的说明，以法国《新观察》杂志发表了《笑忘录》中的片段为理由。不过，别以为我失去捷克公民身份纯粹是由于小说的这个片段。应回顾一下他们的整个策略，而这只能凭猜测。但我相信一九六八年以后他们采取的战术主要是排除知识分子和捷克文化对民族的影响。我们做如下设想是公正的：按照他们的分析，整个"布拉格之春"，整个解放，全都是文化及其代表人物的产物。反苏联并发表过许多闹哄哄宣言的政治家们在许多情况下或多或少得到了宽恕。但大赦从不曾落到文化界头上！俄国人十分清楚，即使像亚历山大·杜布切克这样的政治人物，也是捷克文化的受害者，受了捷克文化的影响。知识分子本身可能并不行使政治权利，但他们的确有很大的反射影响。这说明为什么苏联入侵以后，作家、剧作家、历史学家和哲学家都一股脑儿被扫出了舞台。他们被剥夺了从事自己职业的权利。他们很难找到谋生手段，因此被迫流亡国外。一旦他们离开这个国家，他们身后所有的桥梁就都被烧毁了。这就是统治者为什么要剥夺我的公民身份的原因；他们正等着头一个借口的到来。一旦你的公民身份被取消，按照法律，捷克人就再也不得同你有任何联

系。突然之间，同捷克民族的一切接触都成为非法
的。对于他们来说，你已不再存在。①

关于第二件事，他却有着深刻和美好的记忆。那是
一九八一年五月，弗朗索瓦·密特朗总统的就职仪式在巴黎
爱丽舍宫隆重举行。仪式完毕后，法国新总统在他的办公室
履行了他就职后的第一项政务：签署授予米兰·昆德拉和胡
利奥·科塔萨尔法国国籍的文件。威廉·斯泰伦、阿瑟·米勒、
加西亚·马尔克斯和卡洛斯·富恩特斯等作家应邀见证了这
一历史事件。

---

① 埃尔格雷勃里:《政治和文化：同米兰·昆德拉的谈话》，杨乐云译，
载《外国文学动态》1993 年第 6 期。

十二、《难以承受的存在之轻》

　　昆德拉从小就有一个志向，要当"世界性的人"。他在捷克斯洛伐克第四次作家代表大会上也再三呼吁自己的捷克同行要超越地方主义，超越国界，站到欧洲，乃至世界文化的高度来思索，来创作。如今，来到法国，身处欧洲文化的中心，实现这一宿愿的各种条件显然已经具备。《笑忘录》的问世又适时地为他鼓了一把劲儿，让他重新回到了小说轨道上。他决定继续写，用更加厚重的作品来扩大自己的世界性影响，真正成为世界性小说家。《难以承受的存在之轻》就这样诞生了。

　　昆德拉曾经说过，他的小说人物，不像生物那样产生于母体，而常常产生于一个形象、一种情景、一个语句或一个隐喻。《笑忘录》就是从一顶帽子写起的。那是一九四八年二月的一天，捷共领导人哥特瓦尔德正在向人们发表演说。当时，大雪纷飞，天寒地冻。而哥特瓦尔德又是个光头。见此情景，担任外交部部长的克莱芒提斯摘下自己的毛皮帽，把它戴到了哥特瓦尔德的头上。一顶帽子表明了小说的历史背景，同时也奠定了作品的嘲讽基调。《难以承受的存在之轻》则从尼采的永劫回归说开始。昆德拉通过这一哲学命题把小说的男主人公托马斯的基本境况摆到了桌面：在没有永劫回归的世界里的存在之轻。这实际上也是小说的最最基本的主题。而这一主题又能生发许多其他主题，从而带动起整个小说来。也许昆德拉本人也意识到《笑忘录》的写法有点极端了，读者反应并不尽如人意。因此，这一回，他似乎又回到常规，还是老老实实地给读者讲了一个相对完整而且动人的故事：

托马斯是外科大夫，他在波西米亚一个小镇上认识了特蕾莎。十天后，她来到布拉格看他，他们当天就做了爱。夜里，她发起烧，在他家整整住了一星期。他感到，她是个被人放在涂了树脂的篮子里的孩子，顺着河水漂到了他的面前。

他离婚已有十年了。他明白，只有单身，自己才会真正自在。他天生是不能和一个女人过日子的，可他却让特蕾莎住下了，这难道是爱？

他喜欢女人，但又惧怕女人。他在喜欢和惧怕之间找到了某种平衡，那就是他所谓的"性友谊"。"性友谊"不能带有任何爱的色彩，不能干涉对方的生活和自由。他有许多女友。在他的众多女友中，画家萨比娜最理解他。他请萨比娜为特蕾莎在布拉格找到了一份工作。

特蕾莎很快就发现了他同其他女人的风流韵事，痛苦万分，夜里常常做噩梦。托马斯千方百计想说服她，他和那些女人只有性，没有爱，因此不会影响他们的关系。特蕾莎自然难以接受。为了减轻特蕾莎的痛苦，托马斯娶了她，还让她养了只小狗。他们叫它卡列宁。

俄国人占领了他的祖国。特蕾莎跑上街头，拍摄了大量照片。但兴奋只持续了七天。捷共领导人杜布切克被迫签订妥协协议后，一切都表明：波希米亚不得不低下了头。托马斯和特蕾莎在痛苦中决定移居苏黎世。

萨比娜因办画展留在了日内瓦。托马斯找不到合适的理由去看她。于是，她来到苏黎世，住进一家饭店。托马斯和她度过了几个小时美妙的时光。特蕾莎受不了托马斯的这种生活方式，夜晚总是反反复复做那些噩梦。

一天晚上，托马斯回到家，看到了特蕾莎留下的信。她告诉他，她已回布拉格。波希米亚同其他国家的边境已经封闭，他无法再让她回来。

他重又回到单身汉的生活，感觉到了温馨的存在之轻。可没过多久，这种轻就变成了重。他知道他在想念特蕾莎。他觉得自己必须立即回去，一刻也不能耽搁。可回到布拉格时，拥抱特蕾莎的欲望却消失得无影无踪。他俩面对面站在雪原中央，冻得瑟瑟发抖。

特蕾莎第一次迈进托马斯公寓门槛的时候，由于饥饿，肚子发出了咕噜咕噜的叫声。好在几秒钟后，托马斯就将她拥在怀里，她也就忘记了肚子的叫声。疯狂的爱和肚子的叫足以让灵与肉的统一性在顷刻之间化为乌有。

她经常照镜子，仿佛想透过肉体看见自我。她母亲也喜欢照镜子。只不过，母亲每次照镜子，都会有一阵伤感。母亲的婚姻是个错误。特蕾莎因此成了替罪羊。她没有上完学，十五岁就开始当女招待，为母亲挣钱。

托马斯的偶然出现改变了她的命运。那一天，托马斯坐在酒吧里，面前放着一本书。他在叫特蕾莎。她发现他彬彬有礼，与众不同。她感到灵魂的冲动。她要跟随这个男人。没想到这个男人在带给她幸福的同时，也带给了她无尽的嫉妒。

来到瑞士时，她曾带了五十余张照片，都是她的得意作品。她将照片推荐给一家杂志。主编表示无法发表。他宁可发表另一位女摄影师拍的裸体海滩的照片。特蕾莎突然想起了母亲赤身裸体在房间里走动的情形。她总害怕光着身子的母亲被别人看见，会跑过去拉窗帘，可引来的却是一阵嘲笑。至今，她还能听见那笑声。

近几个月来，大学教授弗兰茨迷恋上了萨比娜。他利用讲课机会，带着她游历了好几座欧美城市。对于他来说，爱情就是一种甘心屈从于对方的意愿和控制的热望。

但他们实际上在许多问题上并不能互相理解。身为女人，并不是萨比娜选择的生存境界。他们第一次见面时，弗兰茨对她说："萨比娜，您是个女人。"萨比娜感到莫名其妙。在弗兰茨看来，忠诚是第一美德，它使我们的生命变得完整。可吸引萨比娜的却是背叛。背叛，就是摆脱原来的位置，投入未知。萨比娜觉得再也没有比投入未知更美妙的事了。弗兰茨把音乐当作救星，萨比娜却把音乐当作噪声。萨比娜觉得，活着就是观看，她因此格外注重视觉。弗兰茨在做爱时，都要闭上眼睛。萨比娜害怕游行。她认为，所有人用同样的手势，喊着同样的口号，是另一种恶。弗兰茨却十分乐于参加示威游行，迷恋伟大的进军。只要他和许多人在一起，他就不再孤单，就觉得好受。纽约的美中有一种陌生性吸引着萨比娜。这种美既令弗兰茨着迷，又让他恐惧，因此，他无限怀念欧洲。这样的例子还有很多很多。有关他们的互不理解，都可以编一本厚厚的词典了。

在一次画展上，弗兰茨的妻子玛丽·克洛德指着萨比娜戴的项链说："这是什么玩意？真难看！"弗兰茨难以相信，觉得自己再也无法忍受了。他要活在真实里。于是，他清楚地告诉了玛丽·克洛德他和萨比娜的恋情。

萨比娜并不愿意他们的恋情公开。她觉得，爱情一旦公开，就会成为一种负担。弗兰茨从家里搬出后，来找萨比娜，发现她已经悄悄离去。他因悲哀而彻底麻木了。

在日内瓦生活了四年后，萨比娜移居到了巴黎，但依然摆脱不了内心的忧伤。她一直在背叛，但有一天，当她发现已没什么好背叛的时候，她会感到一片虚空。她的悲剧不在于重，而在于轻。压倒她的不是重，而是难以承受的存在之轻。

特蕾莎不得不又当起了女招待。她在凌晨回到家时，托马斯已经睡熟了。她靠近他的脸，闻到了一股奇怪的气味。这是女人下体的气味。她一动不动，站在镜子前，望着自己的身子。这个身子令她厌恶，它没有能力完全吸引住托马斯。整整一夜，她被迫呼吸着他头发里另一个女人的气味。

在酒吧，她也想试试和别的男人调情。她并不是要报复托马斯，而是要想法改变自己。她总是把事情看得过于认真，总是难以理解纯粹的肉体之爱带给人的轻松和乐趣。一位工程师邀请她去他家。她接受了。但在最后一刻，当她听到工程师苍白的喊叫时，她拿起自己脱下的衣服，飞快地跑了。她意识到，除了托马斯，她在这个世上别无他人。

俄狄浦斯的故事给了托马斯以启发。他因此写了一篇文章在"布拉格之春"期间发表了。文章表达了这样一个观点：任何人在明白了自己的错误后，都应该承担责任。"布拉格之春"被镇压后，这篇文章成了托马斯的罪证。他被迫离开了医院，在离布拉格八十公里的一家乡村诊所找了份差事。

一天，一位内务部官员找到他，提出只要他写份声明，公开承认自己的错误，就可以让他回到原来的岗位。托马斯坚决地表示一个字也不会写。就这样，他成了一名玻璃窗清洗工。

托马斯发现，做自己完全不在乎的事，真轻松。一下班，就可以把工作抛到脑后。他整天扛着长竿从这家到那家，感觉自己仿佛年轻了十岁。这份工作还让他有机会得到了不少女人的性友谊。

自俄国人入侵后，布拉格变得越来越丑陋了。特蕾莎觉得最好的办法是离开这里。"去乡下吧，"她说，"我们会有一个简陋的小屋和一个小花园，卡列宁也会乐坏的。"托马斯动心了。

萨比娜厌恶的，远不是世界的丑陋，而是这个世界所戴的漂亮面具，换言之，就是媚俗。媚俗是把人类生存中根本不予接受的一切都排除在视野之外。媚俗的根源就是对生命的绝对认同。她觉得五一节游行，就是这种媚俗的典型。一次，有人称赞她用自己的画为自由而战。她立即提出了抗议。她说："我的敌人，不是共产主义，而是媚俗。"

弗兰茨应邀参加一次声援柬埔寨的活动。他和几十名知识分子来到泰国。他们被阻拦在边境线上，无法进入柬埔寨。弗兰茨悲哀地意识到，伟大的进军就此结束了。在曼谷，弗兰茨遭到了几个歹徒的抢劫。搏斗中，他被歹徒砸死了。

托马斯和特蕾莎带着卡列宁定居乡村。托马斯当上了卡车司机，特蕾莎每天去放牛，他们过着田园般的生活。这种生活没有持续多久，卡列宁身上长了个肿瘤。看到它越来越痛苦，一点没有治愈的希望，托马斯和特蕾莎决定让它安乐死。

托马斯和前妻生的儿子西蒙已经长大成人。他很钦佩父亲的正直。托马斯请他到家里会面。父子俩见面时，感觉十分亲切。就在这次见面四个多月后，西蒙接到一封电报。托马斯和特蕾莎不幸死于车祸。

和《笑忘录》一样，《难以承受的存在之轻》依然以"布拉格之春"前后的捷克为背景。因此，历史和政治的气息笼罩着整部小说。但昆德拉的主要关注点并不在"布拉格之春"本身，也不在历史和政治，而在人的基本境况。他之所以再次选择"布拉格之春"作为背景，是因为在这一特殊时期，人的心态、人的矛盾、人的个性、人的弱点、人的思想、人的生存，往往都要比平时更加复杂、更加细腻、更加鲜明、更加突出。从一个特殊时期，也更加容易上升到整个存在的高度。

存在，一个昆德拉小说的关键词。昆德拉特意对它作了解释："许多朋友劝我不要用《难以承受的存在之轻》这个标题。至少删掉'存在'一词不好吗？这个词令所有人不舒服。译者们碰到这个词时，总是倾向于用更谦逊的措辞来代替它：生存、生命、处境……有一位捷克译者甚至决定让莎士比亚现代化："生存还是死亡……"然而恰恰是在这段著名的独白中，'生存'和'存在'之间的区别说得清清楚楚：倘若死后我们继续做梦，倘若死后还有着什么，那么死（非生命）就没有能将我们从存在的恐怖中解脱出来。哈姆雷特提出的问题是存在而不是生命。"昆德拉认为："小说家既不是历史学家，也不是政治家，而是'存在'的勘探者。"现实是表面的，是有限的，而存在是深刻的，是无边的，存在中有着无穷无尽的可能性。在小说中，历史、现实和政治，都服从于探索存在这一唯一的目标。昆德拉的这一观点为小说打开了无限的空间，也让小说家的使命获得了一种前所未有的崇高和艺术的光芒。同时，也是他对自己小说绝妙的解读。

现代生活中，人们极容易感到存在之重，压力、负担、节奏、高效等，都在诉说重，无处不在的重。可又有多少人注意过存在之轻呢？更加具有形而上意味的轻。实际上，昆德拉在先前几部小说中就已经发现轻了。在《玩笑》中："我匆匆走在石子路上，那难以忍受的空虚的轻缠绕着我的生命。"在《生活在别处》中："雅罗米尔有时做一些可怕的噩梦：他梦见自己不得不提一些极轻的东西———一只茶杯，一把调羹，一根羽毛———可他怎么也提不动，物品越轻，他就越虚弱，它们的轻使他下沉。"在《告别圆舞曲》中："拉斯柯尔尼科夫所经历的谋杀行为是一个悲剧。他在自己行为的重负下摇摇晃晃。雅库布惊奇地发现，他自己的行为却很轻，很容易承受，轻得就像空气。他不知道在这种轻中，是否有比那个俄国主人公的全部歇斯底里的感情更为恐怖的东西。"在《笑忘录》中："她内心的那种空虚感来自难以承受的重量的缺乏。正如物极必反一样，这种彻底的轻依然变成一种可怕的轻的担子。塔米娜明白自己一刻也无法承受了。"

然而，昆德拉真正集中思想和智力探索轻，思考轻，打量轻，还是在《难以承受的存在之轻》中。小说的标题其实已经表明了这一点。昆德拉说："在写《难以承受的存在之轻》的时候，在我的人物的启发下，我想到了笛卡尔那句著名的话：人，自然的主人与占有者。这位'主人与占有者'在实现了科学与技术的奇迹之后，突然醒悟到他什么都不占有，他不是自然的主人，自然正一点一点地退出地球，不是历史的主人，历史已背离了人，也不是自己的主人，他被自己灵魂中非理性的力量所驱使。但是，如果上帝已经走了，人不再是主人，谁是主人呢？地球没有任何主人，在虚空中运转。这就是难以承受的存在之轻。"

轻是相对于重而言的。同重一对照，轻的含义就更加明了。昆德拉在小说中说：

最沉重的负担压迫着我们，让我们屈服于它，把我们压到地上。但在历代的爱情诗中，女人总渴望承受一个男性身体的重量。于是，最沉重的负担同时也成了最强盛的生命力的影像。负担越重，我们的生命越贴近大地，它就越真切实在。

　　相反，当负担完全缺失，人就会变得比空气还轻，就会飘起来，就会远离大地和地上的生命，人也就是一个半真的存在，其运动也会变得自由而没有意义。[1]

可以看出，轻，是一种空虚，是一种丧失，是一种无形的挤压，是一种无言的痛，是一种无希望的等，是一种没有目标的飘荡，是一种无可归依，是一种毫无意义的"活着"。轻，正因为它表面上无分量，所以它又是超分量的，比重更重，或者说，是另一种形式的重，是存在的最最沉重的方式。而对于仅有一次的生命来说，这种轻更令人绝望，让人难以承受。

在《难以承受的存在之轻》中，轻既是主题，也是人物的存在编码之一。昆德拉从不相信也不追求人物的真实、饱满和有血有肉。他甚至觉得相信人物的真实性，是件荒唐可笑的事。这也是他的人物大多没有过去，没有成长过程，没有心理活动，只有片段，只有动作，只有隐隐约约的现在的的缘由。在他的笔下，人物就是符号，就是媒介，就是工具。他要通过它们来提出问题、探索存在、呈现人类境况。

---

① 　米兰·昆德拉:《不能承受的生命之轻》第5页，许钧译，上海译文出版社，2003年版。

因此，他认为要把握住人物，就是要捕捉住他的存在编码。而人物的存在编码又是由一些关键词组成的。比如，特蕾莎的存在编码就是这些词：灵魂、肉体、晕眩、软弱和田园诗；托马斯：轻和重。从正反两方面来把握萨比娜和弗兰茨的关键词：媚俗，而这一关键词又牵引出一系列的词：女人、忠诚、背叛、音乐、黑暗、光明、游行、美、祖国、墓地、力量、伟大进军等。昆德拉特意强调，编码并不是抽象研究的对象和结果，而是在具体情节与境况中逐步揭示出来的。他实际上是想告诉我们，他写的是小说，而非论文。

我们刚才已经提到了"媚俗"这个词。这是理解昆德拉的极为重要的一个词。媚俗原本是一个德语词，产生于十九世纪中期，后进入西方语言。它的基本的意思是对粪便的绝对否定。引申开来，媚俗就是对生命的绝对认同，就是把人类生存中根本不予接受的一切都排除在视野之外，就是掩盖世界的丑陋并为世界戴上漂亮的面具，就是所有迎合和取悦大多数人、不择手段地去讨好大多数人的心态和做法。

萨比娜是反媚俗的化身。她厌恶五一节游行，觉得所有人面带同样的微笑，高呼同样的口号，迈着同样整齐的步子，就是在表达某种认同。她反对美化一切，在美术创作中恰恰有意制造缺口，追求异样，追求个性。因此，当人们在她的画展上用"她用自己的画为自由而战"这样的话语赞美她时，她反而愤怒地回答："我的敌人，不是共产主义，而是媚俗。"她背叛父亲，背叛丈夫，背叛祖国，背叛爱情，背叛艺术原则，在某种意义上，就是对媚俗的反动。她一次又一次逃离和迁徙，实际上，也就是对媚俗的躲避。让她沮丧的是，无论她走到哪里，都不可避免地要遭遇媚俗，就连向来以"自由王国"自居的美国也不例外。最后，在背叛一切之后，在空虚之中，在难以承受的轻中，连她自己也不由得陷入媚俗的境地。这说明，不管我们内心如何蔑视，媚俗都是人类境况的难以摆脱的组成部分。

弗兰茨既是媚俗的典型，也是媚俗的牺牲品。他陶醉于伟大的进军，结果却被几个小偷打死。昆德拉始终用夸张、嘲弄的笔调描写弗兰茨，描写他参与的向柬埔寨的进军，可见他对媚俗的基本态度。

媚俗是一个宽泛的词汇，适用于存在的一切领域。政治虽然不产生媚俗，但却需要并利用媚俗，而那些政客却个个都是媚俗者。昆德拉认为，媚俗就像一面会撒谎的美化人的镜子。人们看到镜子中的自己，都会感到一种巨大的满足。媚俗在欧洲已成为一种传统，美化事物，博取同情，蛊惑人心，取悦大众，追逐时尚，流行的文化潮流，政治运动风潮，等等，都是媚俗。

除了轻、重、媚俗等，昆德拉还对其他关键词一一下了番功夫。因此，在某种程度上，小说极像一部特别的昆德拉关键词词典。昆德拉采用的可以说是关键词支撑法，也就是用关键词来分析人物和思想。这是他的创新。但这种方法也有一定的弊端，那就是太多的议论成分，总让人感到作者老是在小说中指手画脚。西方有些评论也因此称昆德拉的小说为"哲理小说"。这样的赞誉，昆德拉却不愿领受。在他看来，所谓的哲理小说意味着小说对哲学的从属，意味着思想的小说式图解。萨特是这样。加谬是这样。而穆齐尔或布罗赫却截然不同：并不是要为哲学服务，而是相反，要占领到那时为止一直由哲学独占的领域。有一些形而上的问题，一些有关存在的问题，哲学从来就不知如何具体地把握，而唯有小说方能做到，也就是说，这两位小说家把小说当作一种高级的诗意和睿智的综合体。赞美穆齐尔和布罗赫，实际上也就是在表白他自己。昆德拉坚持认为，他的小说中的哲理性沉思和议论同单纯的哲学思考和讨论并不相干。它们处于小说情节或人物的特殊磁场内，同一段情节描写或一段对话一样，是小说不可分割的有机部分之一。它们同样具有小说的特质。

小说格外引人注目的还有最后一章《卡列宁的微笑》。这一章同其他各章形成了鲜明的反差，文字异常忧伤、动人，已经到了催人泪下的地步了，简直就是一篇独立的优美散文。作者的柔情也尽显其中。这在昆德拉小说中是极为罕见的。我们仿佛看到了一个陌生的昆德拉。他也许在描写一种理想，在写一首田园诗：特蕾莎实在无力爱人类了，在晕眩和软弱中，把爱倾注到动物身上，内心竟感到巨大的安慰和满足。她始终苦苦寻求的灵与肉的统一也终于有了可能。于是，狗成为她唯一的爱，成为她的归宿。这让我们看到了昆德拉一贯的反讽。意识到这一点，我们也就会恍然大悟：昆德拉还是昆德拉。

昆德拉是在法国诺曼底乡村写完《难以承受的存在之轻》的最后两章的。那段时间，他常常造访一位农民朋友。那位农民家里养着两头猪，会以特别的方式向他致敬，令他欢喜不已。于是，猪、牛、狗等动物便成了小说最后一章的主角了。这也表明了昆德拉小说里的现实成分。事实上，昆德拉所有小说中的人物、环境、事件都或多或少带有他本人的生活印记，有些甚至还有浓厚的自传色彩。

小说共分七章，这是昆德拉小说的一个特点：全是七章，唯有《告别圆舞曲》例外。这里有音乐的影响，也有个人的偏好。既是特点，也是缺憾，因为小说毕竟是一门生动的艺术，所有复杂的事件和人物都服从一个固定的结构模型，本身就值得怀疑。由于结构不变，他的所有长篇小说的篇幅也大多相等。这势必会形成写作上的单调和重复，缺乏多样性和丰富性，读多了，往往容易给人以简单化和模式化的印象。昆德拉本人对此的解释是，他的所有小说实际上都是一些相同主题的不同变奏。这样的解释出自一位一贯看重艺术创新的小说家之口，不免就有些牵强了。

同昆德拉的其他小说一样，《难以承受的存在之轻》的基本材料还是政治与性。政治与性有异曲同工之妙，它们都是人们永远乐此不疲的话题，都能取悦于人并满足人的基本欲望，都有极强的煽情效果和鼓动力量。说穿了，它们也是对存在的一种美化和认同，因而也是一种媚俗。其实，昆德拉在小说中就已为自己找好了台阶。他说，谁都不是超人，谁都不可能完全摆脱媚俗。自然，也包括他了。

但不管怎样，从总体上来看，《难以承受的存在之轻》还应该算作昆德拉的代表性作品，比较完整和成熟地体现了他的小说诗学和小说特色。复调叙述，简洁，非连贯性，反讽，幽默，政治，性，游戏性，哲理性沉思，梦幻和诗意的自然糅合，轻松和严肃的巧妙结合等昆德拉小说特有的因素在小说中均有充分的展现。而这一切都是为勘探存在、揭示人类基本境况服务的。

谈到小说艺术，昆德拉常常引用海尔曼·布罗赫的话："小说家的唯一职责便是对认识的追求。"与此同时，他又反复强调小说的"模棱两可性"。这似乎自相矛盾。昆德拉的阐释："在日常生活中，如果我对你说，'你讲的每一件事在我看来都模棱两可'，这是一种指责，意味着你不愿或不善于把你的想法简单明了地讲出来。然而，在小说艺术中，模棱两可却并非弱点。小说艺术确实是以精于运用模棱两可之道为基础的。我们甚至可以给小说下定义：这是一门力求发现和把握事物的模棱两可性及世界的模棱两可性的艺术。如果你想了解世界，你就必须在它所有的复杂性中，在它本质的模棱两可性中抓住它。"在此，昆德拉显然也想说出小说和哲学的区别：小说追求认识的方式是提出问题，而哲学追求认识的方式是回答问题。在《难以承受的存在之轻》中，一开始，我们就碰到了一个关键问题，一个永远找不到答案的问题：我们到底选择什么呢？是重还是轻？

《难以承受的存在之轻》于一九八二年年底完成。昆德拉说在写完这部小说时，他有一种强烈的感觉："某种东西被彻底封上了，我再也不会回到当代捷克历史的题材上来了。"一九八四年，它的法文版在法国问世，同年，英文版又在美国亮相。或许是由于后来被改编成电影的缘故，小说为昆德拉赢得了巨大的世界性声誉，几乎成为他的"文学通行证"。尽管昆德拉本人并不一定爱听，还是有西方评论家在读完这部小说后，称他"把哲理小说提高到了梦态抒情和感情浓烈的新水平"，并誉他为"二十世纪最最伟大的在世作家之一"。

十三、翻译，唯一的出口

众所周知，昆德拉从不轻易相信翻译，这同他的切身经历有关。他本人回忆道：

> 一九六八年和一九六九年，小说《玩笑》被译成所有的西方语言。然而，多么出人意料！在法国，译者对我的文体加以雕琢，改写了这部小说。在英国，出版者删掉了所有思考性段落，抹去了有关音乐的章节，颠倒了某些部分的次序，改变了小说的结构。在另一个国家，我遇见了我的译者。此人对捷克文一窍不通。"那么，您是怎样翻译的呢？"我问。"用我的心。"他说着从皮夹子里掏出了我的照片。他和我如此志趣相投，我几乎相信通过心灵确实可以从事翻译。当然，结果证明，事情要比他说的简单得多：他是根据法文改写本翻译的，正好步了阿根廷译者的后尘。在另一个国家，译者是直接从捷语翻译的。我打开译本，碰巧看到了海

伦娜的独白。原著中一气呵成的整段儿长句都被分割成了许多支离破碎的短句……《玩笑》译文所引发的冲击在我的心灵上留下了永久的伤痕……

那些不忠实的译本简直成了昆德拉的噩梦。在捷克时，情形还稍稍可以忍受一些，因为他毕竟还拥有大批的捷克读者。可移居法国后，他失去了捷克读者，翻译成为唯一的出口，因而也就意味着一切。他充分意识到："我的作品靠译本生存，靠译本被阅读、批评、评价，被接受或被否定。"因此，对译本他不能无动于衷。于是，在写完《难以承受的存在之轻》后，他决定暂停写作，专门花些时间来对自己作品的译本进行一番整理。凭借着自己所掌握的法文、英文、德文、意大利文四门外语，他阅读、校对、修改他的小说译本，不管是新书还是旧作。这项工作占用了他整整两年时间。"付出的精力之多，足够我写出两本新作了。"他说。这在全世界作家中大概绝无仅有了。

昆德拉明白，"当一个作家决意去监督自己作品的译本时，他会发现自己犹如跟在一群野羊后面追赶的牧羊人一样，追逐在一群群的词语后面"。一个既可悲又可笑的形象。后来，在他的朋友、法国《论战》杂志编辑皮雷·诺拉的建议下，他索性写了一本个人小词典，将他的关键的词、费解的词和偏爱的词一一写下，供人们阅读和翻译时参考。其中有一条很特别，并非什么费解的词，而是墨西哥诗人帕斯的名字，纯粹是友情的表达。昆德拉如此写道：

> 我正在编纂这本小词典时，墨西哥城发生了可怕的地震。奥克塔维奥·帕斯同他的妻子玛丽－诺居住在那里。整整九天杳无音信。九月二十七日，电话铃响起：来自奥克塔维奥的消息。我开了一瓶酒，为他干杯。我让他那可亲可爱的名字成为这六十三个词中的第四十九个。

昆德拉和帕斯是知心的朋友。帕斯内心一直将昆德拉当作诗人。他还专门写过一首诗，献给昆德拉。

昆德拉向来认为自己的文字并不难译。在他看来，它们非常准确，语言不妨说是古典式的，明白易懂，不使用任何俚语。正因为它们过于朴素无华，翻译时就要求语义上绝对精确，也就是绝对忠实。而那些让昆德拉头疼的译本的问题主要就出在不忠实上。在昆德拉看来，这种不忠实大致表现在以下几个方面。

其一，片面追求词汇的丰富

昆德拉发现，许多译者都有追求词汇丰富的倾向，因为他们觉得，唯有词汇的丰富才能引起读者的注意，读者会把这当作一种价值，一种成就，当作翻译家才能与本事的有力证明。最典型的一个例子就是翻译家对"是"和"有"的处理。他们总是想尽一切办法找一个他们认为不那么平凡的词来代替它们。然而，昆德拉强调，词汇的丰富本身并不能表现任何价值。词汇量的广度取决于构建作品的美学意图。比如，富恩特斯词汇的丰富达到了"令人目眩的程度"。而海明威的词汇却相当有限。但富恩特斯词汇的丰富，海明威词汇的有限，实际上都通向散文的美，都能构成美学上的特征。

其二，对权威的误解

昆德拉认为，对一个译者来说，最高的权威应是作者的个人风格。但他沮丧地注意到，不少译者服从于另一种权威：标准的优美的语言。昆德拉指出，这是个错误，因为任何一个有一定价值的作者都会违背所谓的"优美文笔"，而他的艺术独特性有时恰恰体现在这种违背中。因此，译者应该尽最大努力地去理解和吃透这种违背。

其三，无视重复之美

文学作品中，有许多重复都体现了作者的非常具体的意

图：或为强调，或为一种特殊语感，或为营造某种气氛，或为获得某种韵律和文字之美。有时，重复甚至是整部作品的生存理由。

重复是有学问的，昆德拉告诉我们，如果作者重复一个词，那是因为这词重要，作者想在一句、一段、一页，乃至一章的空间中让它的影响和意义反复回荡。

昆德拉举了大量例子来说明重复的艺术性。其中就有法国作家维旺·德农的小说《没有明天》。一部昆德拉极为喜欢的小说，后来甚至成为昆德拉的小说《缓慢》的重要部分。他称这部小说是法国十八世纪最动人的散文作品之一。它第一节中的重复风趣又优美：

> 我疯狂地爱上了伯爵夫人……我那年二十岁；我很幼稚；她勾引我，同我私通，我反对这样，她抛弃了我。我很幼稚，我想念她；我那年二十岁，她原谅了我；由于我那年二十岁，很幼稚，我依然同她私通但不再被她抛弃了，我认为自己是她所有情人中她最爱的一个，因而我是世上最幸福的人。

已经再清楚不过了：艺术的重复是必要的，是重要的，是美的。可惜，许多译者不懂。他们无视重复，听不到重复的美妙韵律，看不见重复的特殊意味，因而，随随便便就破坏了重复。而破坏重复，也就破坏了艺术。

如此看来，文学翻译的艰难正在于此：它既要求译者有深厚的文学素养、天生的文学敏感和相当的文字能力，更要求译者对原作者和作品有足够的尊重、忠诚、体味和把握。而谦卑的姿态极为必要，这是艺术所必需的谦卑。

昆德拉对翻译的钻研还让他写出了《一个句子》等专谈文学翻译的文章。小说家昆德拉也因此完全称得上翻译家昆德拉。

细读昆德拉的作品，我们会发现他也有一些个人偏好，体现了他的特殊想法。比如，他在小说中从不使用"捷克斯洛伐克"这个词，尽管他的不少小说都以那里为背景。他觉得，"这个复合词太年轻了，仅仅诞生于一九一八年，既无时间根基，也无美感。它正好暴露了它所命名的国家的本质：复合而成，过于年轻，尚未经过时间考验。在如此脆弱的单词上建立一个国家也许还凑合，但要创作小说却不行"。正因如此，他总是用"波希米亚"这个老词来标明小说人物的国家。他特意解释道："从政治地理的角度来看，这并不正确（我的译者们对此常常大发雷霆），然而从诗的角度来看，这是唯一可用的名称。""苏维埃"也是一个他从不使用的形容词。这涉及他的痛恨和成见。此外，他还特别在意版面形象和版面效果，要求版式稀疏，每一节都另起一页，好让读者读完一节停顿一下，就像读诗那样，给读者以轻松感，能够唤起读者的阅读兴趣。

一九八六年，昆德拉把自己用法文写出的一些文字汇集成册，取名《小说的艺术》，隆重推出。我们已经知道，书的标题表达了他对青年时代，尤其是那部有关万丘拉专著的怀念。昆德拉声称，尽管书中的文章产生于不同的环境，但在写它们的时候，已经有一个总体构想，希望它们能够结成一本随笔集，总结一下他有关小说艺术的思考。他还逐一介绍了书中的七篇文章。《被诋毁的塞万提斯的遗产》阐述了他个人对欧洲小说的看法。《关于小说艺术的谈话》和《关于结构艺术的谈话》是他同《巴黎评论》杂志特派记者克利斯蒂安·萨尔蒙的文学对话，涉及他对小说艺术和小说结构的诸多有趣而又独特的想法。《〈梦游人〉启发下的笔记》反映了布罗赫带给他的一连串的启发和思索。《背后某地》讲述了他对卡夫卡的理解。《七十一个词》里实际上是他小说和小说美学的关键词词典。而最后一篇《耶路撒冷演讲：小说和欧洲》是他获得以色列耶路撒冷文学奖后的答谢词。

《小说的艺术》对于理解昆德拉，十分重要。它比较完整、系统地呈现出了昆德拉的小说诗学。而且文字，除去一定的理论深度，还有相当的可欣赏性。字里行间，我们还可以清晰地看到他的艺术渊源、小说抱负和小说个性。此书很快便被译成了各种文字，并为昆德拉赢得了法兰西科学院奖。

十四、天鹅绒革命

　　一九八九年，又一个昆德拉不得不关注的年头。该年年底，东欧诸国接连发生剧变。昆德拉的祖国自然也不例外。捷克民众成立了民主议会，实行多党议会民主制，推举深得民心的剧作家瓦茨拉夫·哈维尔为总统。这场变革自始至终没有发生流血事件，西方媒体形容它"有天鹅绒般的顺滑质感"。从此，人们把"通过不流血的方式实现政权和平转移的"政变或革命称为"天鹅绒革命"。

　　这是昆德拉绝对没有料到的。苏联入侵后，他曾悲观地预测：他那弱小的祖国已经走上灭亡之路。移居法国后，美国记者埃尔格雷勃里曾问他是否还有重返捷克斯洛伐克的那一天。他的回答很干脆，也很悲观：永远不会有此可能。时间一次又一次推翻了他的说法。因而，他自嘲，他每次想预测时局、做出判断，每次都没有说对。

　　激动荡漾在他的心头。就在那段日子里，昆德拉竟然不计前嫌，写下了一篇题为《艺术作品般的人生》的文字，赞美他在捷克的"宿敌"哈维尔。这既反映出了他当时的特殊心情，也表示出他的一种承认，一种姿态，同时还在无形中形成了微妙有趣的对照：他本人同哈维尔的对照。

热情洋溢的文字，在向来冷峻的昆德拉是罕见的。显然，他是以同胞和作家的双重身份写下这段文字的。从中我们也可以清楚地看出他对祖国的密切关注以及祖国变化给他带来的心灵震动。实际上，一九八四年，当昆德拉的母亲在布尔诺去世时，他同祖国仅有的最后一点联系也中断了。如今，同祖国的联系重又变成了可能。

几乎在同一时刻，昆德拉老家布尔诺的阿特兰蒂斯出版社就主动与他联系，表示愿意出版他二十多年来在祖国一直被禁的作品。昆德拉当然同意，但明确规定只能出版那些他本人选定并审阅过的"成熟之作"。选定倒还容易，审阅就颇费精力和时间了。因为，他需要仔细地一句一句读一遍，把他在各个译本上做的修改和校正一一体现在捷克文本中。于是，出现了一个让人哭笑不得的情形：就在昆德拉流行于世界其他国家的时候，捷克的读者却迟迟看不到他的作品。最后，七八年过去了，人们也只读到他的四本小说：《玩笑》《不朽》《可笑的爱》和《告别圆舞曲》。因此，有人调侃，按此节奏，捷克读者要想读到昆德拉的全部作品，起码还要等一百年。

昆德拉正好利用这一机会彻底清理了一下他的所有作品。他在给捷克出版社的信中写道：

出版我的作品，好的，但哪些呢？有关一位作者的著作，存在着两种概念。一些人将作者写下的所有东西当作他的著作。例如，法国著名的七星文库就是从这一角度来编的：也就是，所有东西，每封信，每条日记。另一些人认为，所谓著作，仅仅是作者本人从总体上来看觉得有一定价值的作品。我向来坚决赞成第二种观点。在我看来，向读者提供作者本人觉得不够完美而且已不喜欢的作品，是不道德的。

按照我的这一思路，以下三类作品不能被称为我的著作：一、不成熟之作；二、不成功之作；三、应景之作。

紧接着，昆德拉开出了一张清单，明确指出了那些不成熟之作、未完成之作和应景之作。所有音乐作品，所有发表和未发表的诗歌，有关万丘拉的理论专著《小说的艺术》，以及剧作《钥匙的主人们》都属于不成熟之作。剧作《谬误》以及从《可笑的爱》中删去的三个短篇小说属于不成功之作。除去一九八六年出版的《小说的艺术》所收的那些用法语写下的随笔，所有文章和随笔，包括在捷克第四次作家大会上的发言，以及各式各样的序言和访谈等，都属于应景之作。

昆德拉表示，俄国人入侵后，他开始意识到，唯一贴在他心上的是小说。因此，他本人最最看重的是他的小说作品。他还仿照作曲家的做法，为自己满意的作品编了号。作品一号：《玩笑》。作品二号：《可笑的爱》。作品三号：《生活在别处》。作品四号：《告别圆舞曲》。作品五号：《笑忘录》。作品六号：《难以承受的存在之轻》。作品七号：《不朽》。此外，剧作《雅克和他的主人》和用法语写出的随笔集《小说的艺术》也是他的满意之作。只有这些作品，昆德拉允许出版社继续出版。

一九九〇年，在阔别了整整十五年之后，昆德拉重新踏上了祖国的土地。他是悄悄地来的，没有惊动官方和媒体，只有少数几个朋友陪伴，而且始终隐姓埋名，微服而行，在布拉格和布尔诺逗留了几天，走访了一些熟悉的地方，还观看了几场话剧演出，最后又悄悄地回了。

一九九五年秋天，捷克政府决定将国家最高奖项之一——功勋奖授予米兰·昆德拉。他欣然接受，并以书面形式回答了捷克《人民报》记者的提问。谈到获奖感受时，昆德拉说："我很感动，也许可以说，尤为让我感动的是瓦茨拉夫·哈维尔给我的信。特别是信中的这样一句话：他把这次授奖看作是给我与祖国和祖国与我的关系，画了一个句号。"

十五、《不朽》：舞台的转换

在此之前，昆德拉的所有小说都主要以捷克为背景。那毕竟是他熟悉的舞台，有他熟悉的人物和熟悉的故事。但在写完《难以承受的存在之轻》后，他感觉自己就要告别捷克舞台了。此时，在意识深处，他已将自己当作法国作家。法国作家，自然需要一座崭新的舞台。在他接下来创作的长篇小说《不朽》中，我们看到了这座新舞台。

昆德拉自己透露，在法国安顿下来之后不久，他便着手收集《不朽》的有关素材了。在整整十多年的积累后，他于一九八七年正式动笔时，真正是胸有成竹了。因此，写得极为顺利，一年半就完成了。费劲的是翻译。翻译花费了他两年的心血。他如此描绘自己的特殊处境：写作，兴致勃勃；翻译，疲惫不堪。

一九九〇年一月，《不朽》法文版由伽利马出版社出版。几个月后，意大利语、西班牙语、德语和英语版本也纷纷在有关国家问世。小说在法国很快售罄，同年又加印了十四次。在其他国家也同样受到欢迎。它的成功给昆德拉带来了安慰：所有心血和劳顿都是值得的。

这一回，昆德拉又讲述了什么样的故事，进行了什么样的思考呢？我们还是先来看看这个依然由七章组成的文本吧。

第一章　面相

我在健身俱乐部等候阿汶奈利厄斯教授。一个六十来岁的女人进入我的视野。她正在学游泳。游泳课结束后，她正要离去，忽然扭过头来，朝救生员灿烂一笑，并招了招手。那笑靥，那动作，分明属于一个二十岁的姑娘。我受到感动。于是，脑海中出现了阿格尼丝一词。

回到家后，我就试着描画阿格尼丝的形象。她这会儿已穿戴整齐，走出家门，钻进停在房前的汽车，驶向健身俱乐部。她要到那里洗洗桑拿。

阿格尼丝想起了已故的父亲。她曾问过父亲是否相信上帝。父亲的回答极为奇特："我相信造物主的电脑。"人类真的像是电脑设计的，只有一个原型，其余都是样品。人类样品的序号就是面相，它纯属偶然，却不可重复。它既不反映性格，也不反映灵魂，更不反映我们所谓的自我。它仅仅是序号而已。

自从与保罗结婚后，阿格尼丝便失去了一切独处的乐趣。上班时，需要和同事待在一起。回到家，又没有属于自己的空间。这正是她每年都盼着到瑞士去为父亲扫墓的缘由。那里有新鲜的空气和树顶上的鸟。她梦想着能永远留在那里，不再回到巴黎。

阿格尼丝十六岁时，曾同一个男孩约会。那男孩胆怯，始终不敢吻她。一天，在他们道别时，她的右手在空中一挥，轻盈，飘逸，优美，意味深长。

这手势她用了很长时间。后来，她发现小她八岁的妹妹劳拉也在模仿她的手势，感觉很不舒服。成人的手势显然不适合一个孩子。而且，她还意识到，手势人人都能用，并不专门属于她。

一个彬彬有礼的外星人来访，问保罗和阿格尼丝：下辈子，你们愿意继续共同生活，还是永不相见？

阿格尼丝鼓足勇气，坚定地回答：我们希望永不相见。

第二章 不朽

贝蒂娜和丈夫阿尔尼姆已在歌德家住了三个星期了。这天早晨，歌德夫人克莉斯蒂安娜陪同这对年轻的夫妇去参观一个艺术展。歌德夫人热情地为他们讲解。贝蒂娜忽然粗鲁地打断了克莉斯蒂安娜。克莉斯蒂安娜忍无可忍，给了她一巴掌。歌德站在自己夫人一边，宣布永远不许这对年轻人再踏进他的家门。

事后，贝蒂娜逢人便说："那根粗香肠疯了，她咬我。"整个魏玛放声大笑。这不朽的名言，这不朽的笑声，至今仍在回荡。

不朽大致有三种：一般的不朽、伟大的不朽和可笑的不朽。

拿破仑要见歌德。歌德毕恭毕敬地来到统帅面前。拿破仑一边吃早餐，一边问歌德一些琐碎的问题。就在他们谈话时，几位高级将领来到大厅，拿破仑开始听他们汇报。歌德环顾四周，不知所措。过了一会儿，他问站在旁边的侍从，接见是否结束。侍从点点头，歌德离去。这就是不朽的统帅和不朽的诗人之间的会见。

贝蒂娜早就对歌德表达过爱恋了。歌德发现她的爱恋中有一种危险的成分，一直对她保持着戒心。但贝蒂娜是个执着的女人，自然不甘心从歌德的生活中消失。一八二三年，法兰克福市政府决定为歌德竖一块纪念碑。贝蒂娜见到纪念碑的模型时，极不满意。机会终于来了，她连夜工作，画出了她心目中的雕像：歌德坐着，犹如一位古典式英雄，他手持一把七弦琴，头发像火焰一样。一个少女代表普赛克，站在他的两膝之间。奇迹果然发生了，当歌德看到贝蒂娜的草图时，眼中流下了泪水。于是，在相隔十三年后，贝蒂娜又来到了歌德身边。

了解贝蒂娜的人都明白，她爱恋的其实是不朽。

地狱里，歌德和海明威相遇了。海明威一个劲儿地抱怨人们不去读他的书，却抓住他的私生活不放。歌德叹息："不朽就是永恒审判。"

第三章　拼搏

阿格尼丝中学毕业后，来到巴黎上大学。劳拉责备姐姐抛弃乡村，可几年后她也进入巴黎的大学。阿格尼丝学数学，拿到学位后，放弃学术前程，与保罗结婚，找了一份相当一般的工作。劳拉学音乐，决心要学出点名堂，为姐姐争光。

有一天，阿格尼丝向妹妹介绍保罗。就在见到他的一刹那，劳拉仿佛听到一个声音："要找的人就是他！"随后，她又悲哀地意识到，她渴望爱的男人竟是她不该爱的男人。后来，她结婚了，有了身孕，却不幸流产。

阿格尼丝喜欢戴墨镜，因为她觉得这能使她显得更漂亮，给人一种神秘感。劳拉流产后，也喜欢戴墨镜。墨镜成为她悲伤的标志。墨镜似乎还表明，姐妹俩的命运截然不同。对劳拉来说，身体的本质就是性。可阿格尼丝认为，身体并不等于性，它只在特殊的时刻才等于性。为了贴近自我，阿格尼丝将一切外在的东西统统减去。劳拉正好相反，总是不断为自我添加各种各样的属性。

劳拉离婚后，只要一有空就来到姐姐家。不久，她和保罗的朋友伯纳德谈起了恋爱，阿格尼丝感觉松了口气。伯纳德是议员伯特兰·伯特兰的儿子，他违背父命，不愿从政，到电台当了名记者。劳拉比他大八岁，对他格外温柔，他们的关系愉快地持续了两年。一天，一位不速之客来到伯纳德的公寓，宣布他为十足的蠢驴。伯纳德精神上受到打击，变得沉默寡言。劳拉并不知情，以为他不再爱她。劳拉怕失去他，提出要结婚，伯纳德吓坏了，决定撤退。听说伯纳德将要独自去马丁尼克岛度周末，劳拉情绪异常激动，对保罗和阿格尼丝表示一定要重新得到伯纳德的爱，否则就将自杀。

劳拉从岛上打来电话，声称找到了一把手枪，随时可以结束自己的生命。保罗和阿格尼丝苦苦劝阻，但毫无用处。没想到，几天后，她又回到了巴黎……

第四章　情感型的人

欧洲文明造就了一种情感型的人。情感型的人并不指一个具有感情的人，而是指一个将感情上升到价值观范畴的人。

感情通常不以人的意志而转移，而且往往还违背人的意志。我们一旦想去感觉，感情就不再是感情，它已成为一种模仿，一种表演，人们称之为歇斯底里。因此，情感型的人实际上也就是歇斯底里的人。

阿格尼丝惨死后，劳拉来看望悲伤的保罗。"这世上只剩下我们俩了。"她说着一把抱住了保罗。保罗和劳拉同时流出了泪水。当他们并肩躺在床上时，多亏了泪水，他们没有背叛亡灵的感觉……

第五章　巧合

她已在这里独自待了两天，现在该上路了。四周的景色情人般缠着她，不让她离去。她走出汽车，望着环绕的群山，决定做一次最后的漫步。

阿汶奈利厄斯教授朝我走来。我招呼教授说："就在你跨进游泳池的那一刻，我小说中的女主人公终于把车发动起来，准备回巴黎哩。"

"绝妙的巧合。"教授说。世上有数不清的巧合。我将它们分为无声的巧合、诗意的巧合、对位的巧合、病态的巧合等。

天渐渐黑了，阿格尼丝开着车穿过瑞士边界，来到法国公路上。她觉得有点饿了，想找一家餐馆吃点东西。

教授和我谈起了劳拉，正是因为喜欢劳拉，他才宣布伯纳德为十足的蠢驴。他还告诉我，最近一段时间，他常常半夜去扎轮胎，把它当作反抗恶魔行径的手段。他还邀请我加入他的行列。可我想了想，觉得放弃睡眠，牺牲太大，还是回家去了。

阿格尼丝脑海中闪过一个重要的念头：生命中无法承受的不是存在，而是作为自我的存在。忽然，她看到一个姑娘站在前方。刹那间，她感觉一切都消失了……

阿汶奈利厄斯教授扎轮胎时，被抓住了。保罗递给他一张名片，表示愿意为他提供法律服务。保罗走到自己的车旁时，发觉轮胎被扎，不禁大叫了起来。他刚刚接到通知，阿格尼丝出了车祸，奄奄一息。他连忙打电话向伯纳德求援。当他们赶到医院时，阿格尼丝已离开人世……

第六章　天宫图

钟面上的指针是转圈的。天宫图也像钟面。无论我们相信占星术与否，一幅算命天宫图其实就是生命的最贴切的隐喻。占星术的深刻寓意：你无法逃脱你的生命的主题。

鲁本斯在中学时，就擅长给老师画漫画。他因此而获得鲁本斯的绰号。他喜欢这个绰号，将它保留了一辈子。中学毕业时，他报考美术学院，没被录取。就在他决定放弃绘画的时候，一位漂亮姑娘走进了他的生活。他忽然意识到了自己生活的意义所在：不是追求专业的成功，而是得到女人的青睐。

他同那位漂亮姑娘结了婚。但他们的婚姻仅仅维持了两年。离婚后，他发现自己已经处于爱情的疆界之外。

在罗马，他意外地遇见了过去的一位女友。但他已不记得她的名字。他索性叫她诗琴女。他隐约想起有一次同她跳舞的情形：他将手放在了她的胸口上，可她竟没有流露出一丝惊恐。他们约好回巴黎后再见面。

他迷上了诗琴女，一连几天都在想她。罗马邂逅一周后，他们在巴黎一家饭店见了面。他走上前去，把手放在她的胸口，问道："那次跳舞时，我就是这样摸你的，还记得吗？""记得。"她回答。他们每年都要见上两三次。但后来见面中断了。她又从他的记忆中消失了。

鲁本斯后来又遇到一些新的女人，可有一天，他忽然强烈地怀念起那些昔日的女友。天宫图上的指针告诉他：从此之后，他将只迷恋自己的过去。

诗琴女重新回到他的记忆中，他立即给她打了电话，并特意飞往巴黎和她见面。就这样，他们恢复了接触。又过了几年，他给她打电话，想见她。她告诉他说，她没有时间。他明白，她已不再在乎他。

他又一次来到罗马。在画廊中，一幅基督受难图吸引住了他的目光。被钉在十字架上的是诗琴女，他回到饭店就拨了她的电话。一个陌生的声音告诉他："阿格尼丝已经死了。"

第七章　庆祝

我叫了瓶葡萄酒，为了庆祝某项周年纪念。阿汶奈利厄斯不停地说着他的古怪念头。一名体格健美的男子走了过来，醉醺醺的样子。他就是保罗。保罗说他从不读小说，只读回忆录和传记。我感到伤心。就在他高谈阔论的时候，他的妻子，穿着泳装，出现在我们面前。我一眼便认出了她：劳拉。她见到我们，脸上泛起了红晕。我开始理解阿汶奈利厄斯喜欢劳拉的缘由。劳拉打了声招呼后，又纵身跳入水中。保罗说他和劳拉有个小女儿，而他和前妻的女儿布瑞吉特最近也生了个女孩，他都当上外公了。可布瑞吉特和劳拉相互仇恨，他夹在中间十分难受。"但愿我长醉不醒。"保罗伤心地说。

劳拉从泳池里上来，准备去更衣。她突然转过脸，朝我们轻轻挥了挥手臂，如此幽雅、流畅，仿佛一只金色气球从她的指尖升起。保罗脸上露出了笑容。我很清楚，劳拉的动作并不是冲着酒鬼丈夫，而是对阿汶奈利厄斯的一种表示。保罗丝毫没有察觉。奇迹出现了。他仿佛年轻了许多，嘴里一个劲儿地念叨："瞧那动作！这才是劳拉！"

显然，一离开捷克舞台，昆德拉才真正做到了"不动声色和轻松自如"，而不像过去那样都或多或少要在作品中流露出某种情绪：悲伤，忧虑，失望，愤慨，等等。在小说《不朽》中，他成了纯粹的旁观者和小说家，对所有人与事都保持着适当的距离和冷静的态度。可以看出，此时的昆德拉，作为小说家，已经相当成熟和老到了。毕竟，他在小说领域已摸爬滚打了三十余年。但这种成熟和老到对于艺术生命是否真有好处，我们尚须打上几个问号。

不管怎样，昆德拉本人对《不朽》是相当满意的。《世界文学》原主编余中先先生在巴黎会见昆德拉时，曾问他最喜欢自己的哪部作品。昆德拉想了想，回答道："自己的作品都喜欢，也说不上特别疼爱哪一部。不过，相比起来，还是《不朽》更有特点一些。"

他在为捷文版《不朽》写的序中说得更加明确和具体："这本小说可以给予读者一个最清楚不过的概念，了解我作为一名小说家追求的是什么。这就是说，我在《不朽》中比在别处更为有效地贯彻了我从《玩笑》便已开始追求的某种小说诗学。"他自己也承认，起初，他的小说诗学还十分模糊、不太自觉，只是到了后来才变得越来越自觉，而到了创作《不朽》时，已经相当自觉、清晰和成熟了。这也正是他愿意最先让《不朽》同久违了的祖国读者见面的缘由。

他自己如此表述了他的小说诗学：

我追求的是：让思索（沉思、推测）成为小说的自然构成部分，同时创造一种小说所特有的思维方式（也就是说它不是抽象的，而是与人物的情境紧密相连；不是绝对肯定的、理论的、严肃的，而是反讽式的、挑衅的、怀疑的甚或是滑稽的）；竭力扩大小说的时间，通过对照不同的历史时期抓住"欧洲时间"（在《玩笑》中就下意识地试图这样做了，比如离题写了过去的民间音乐）；给小说卸下沉重的可然性要求，赋予它以游戏性，使读者尽管在眼前看到"栩栩如生"的人物（我无法想象是小说而没有深印在读者意识里的人物，正因如此，我一向反对所谓的"新小说"倾向），又同时不忘记它们的"如生"仅仅是幻想、魔力、艺术，是游戏的一部分，小说的游戏，是人从中得到欢愉的游戏。[1]

这一诗学给昆德拉提供了无限自由的创作空间。在《不朽》中，视角任意转换，人物时隐时现，古典和现代同步，过去和现在交叉，真实和虚构难以界定，正剧、喜剧、悲剧和闹剧一一登场，作者本人又不断跳进跳出，时而结构，时而解构，时而沉思，时而玩笑，真正想把小说当作魔术和游戏。游戏的色彩无疑已很浓烈，有时甚至过于浓烈，但魔术

[1] 米兰·昆德拉:《作者的话》，杨乐云译，载《外国文学动态》。

的境界是否真正达到，这就仁者见仁、智者见智了。喜欢昆德拉的人说，他的小说好看、好玩、有思想深度。讨厌昆德拉的人说，他的小说做作、矫情、有说教嫌疑。说穿了，喜欢和讨厌其实都出于同样的原因。

　　喜欢也好，讨厌也罢，昆德拉在艺术上的独特追求以及对存在的认真思索还是应该予以肯定的。《不朽》中那些有关不朽、形象、情感型的人等主题的沉思还是相当耐人寻味的。几个人物也叫人难忘：内在、敏感的阿格尼丝（诗琴女），外向、矛盾的劳拉，神秘、怪诞、滑稽的阿汶奈利厄斯，另一种面目的歌德和贝蒂娜，还有那个指针般转了一圈又一圈的鲁本斯。本性难移，昆德拉沉思的同时禁不住又要嘲讽和怀疑。他的沉思最终总会带来嘲讽和怀疑。不朽真能给人荣耀吗？形象难道不都是重复吗？情感型和情感是一码事吗？意识形态如何变成了意象形态？人真的有自我吗？这都是些有趣的问题。

　　"小说仅仅提出问题，并不寻求答案。"昆德拉狡黠地说。

十六、《缓慢》：告别母语

　　昆德拉眼下可算是大名鼎鼎的世界级作家了。但我们知道，他的"大名鼎鼎"从一开始就包含着诸多让一位小说家颇觉尴尬的艺术之外的因素。有相当一部分人在相当一段时间里仍将他当作纯粹"出于义愤或在暴行的刺激下愤而执笔写作的社会反抗作家"。这几乎成了昆德拉的心病。

　　为了捍卫自己的艺术性，昆德拉几乎使出了浑身解数。这让我们不由得想起了他十分喜爱的堂吉诃德这一小说人物。他发表文章，接受采访，亲自校订自己作品的译本，千方百计地表明自己的艺术功底和艺术渊源。一九八六年出版的《小说的艺术》和一九九三年出版的《被背叛的遗嘱》便是这种努力的结果。在小说创作上，他更是不遗余力。在几十年的文学生涯中，以均衡的节奏，从从容容地写出了一部又一部自己满意的作品。这些作品也的确越来越清楚地显示出了他的艺术价值和艺术成就。在世界许多国家，包括中国，甚至一次又一次地掀起了"昆德拉热"。小说家昆德拉的艺术形象逐渐在世界文坛上树立起来。

　　然而，还是有人对这种艺术形象的完美性提出看法。八十年代后期，美国记者露易丝就曾当面向移居法国十余年的昆德拉发问："你的所有小说都绘声绘色地讲述了捷克经历。我不知道你是否觉得有能力创作一部具有另一种背景的小说。比如说，法国背景。"

　　这显然是一种文学挑战。而昆德拉偏偏又喜欢挑战。他毫不犹疑地说："让我们拭目以待吧！"

　　但他说完这句话后，心情一定错综复杂。

　　昆德拉忘不了捷克，这毕竟是他的祖国。那里有他充实的童年和少年，有他激情的青春，有他的艺术和政治迷恋和创伤，有他失败的沮丧和成功的欢快，有他念念不忘的朋友和亲人。人们记住了这么一个情景：一九八九年，巴黎的一家电影院正在放映曼采尔根据捷克小说家赫拉巴尔的小说《线上的云雀》改编的影片。观众寥寥无几。其中就有被感动得热泪盈眶的昆德拉和他的妻子维拉。"我们注定是扎根于前半生的，即使后半生充满了强烈的和令人感动的经历。"昆德拉曾感慨地说。细算一下，他在捷克整整生活了四十五年。

　　与此同时，昆德拉对法国又怀有特殊的感情。一个以包容和慷慨的姿态接纳了他的文化大国自然而然地成了他的第二故乡。他甚至表示，作为小说家，更愿把法国当作自己精神上的祖国。生活在法国，他感到无拘无束，自由自在，丝毫没有陌生感。也正是法国将他一步步推向了世界瞩目的中心。

这样，创作法国背景的小说对于《玩笑》的作者似乎又多了一层含义：表达对法兰西的感激。

同露易丝谈话后不到三年，《不朽》出版。这部作品中，捷克背景消失了，占据主导地位的是法国背景。法国及世界各地的读者热情地肯定了昆德拉的这一新成就。昆德拉大受鼓舞，同时又感到意犹未尽，五年后，即一九九五年又推出了《缓慢》。这一回，作者不仅以法国为背景，而且直接用法文写出。这是他用法文创作的第一部小说。

《缓慢》讲述了这样的故事：

作为书中人物的昆德拉及夫人维拉突然心血来潮，决定到一座由城堡改建的饭店住上一夜。驱车途中，他们对法国高速公路上的疯狂场面惊讶不已。有辆车一直紧跟着他们，试图超车，就像老鹰窥伺着麻雀。

维拉说："法国公路上每五十分钟就有一人死去。瞧这些家伙，一个个都发了疯似的疾驶着。同样是这些人，眼见一位老夫人在街上遭劫时，竟变得那么小心翼翼。怎么一坐到车上就天不怕地不怕了呢？"

缓慢的乐趣为何消失了？昔日那些从容自在的漫游者都到哪里去了？昆德拉不由得想起了另一次从巴黎到一座乡间城堡的旅行，一位贵夫人同一位骑士的旅行。那次旅行发生在两百多年前。这便是十八世纪法国小说《没有明天》中描写的旅行。

来到城堡饭店后，他们一边享用美妙的晚餐，一边嘲笑大众传媒的愚蠢。夜深了，维拉已经入睡，可昆德拉毫无睡意，依然在细细琢磨着《没有明天》中的场景：一位年届二十的骑士某晚去看戏，隔壁包厢里坐着一位楚楚动人的贵夫人。夫人突然请求骑士散戏后陪伴她回家。骑士仓皇失措，因为他认识贵夫人的情人——某位侯爵。骑士稀里糊涂地上了马车，坐在夫人身旁。经过一段轻松愉快的旅行后，马车停在了一座乡间城堡前。夫人的丈夫阴沉着脸同他们共进晚餐，然后便起身告辞了。他们的浪漫之夜就这样开始了。夫人巧妙地将整个夜晚分成三个阶段，精心掌握着每一阶段的节奏，缓缓地同骑士一道品味着每一分每一秒的欢乐，她清楚地知道他们的浪漫没有明天。他们先是在花园中散步，然后在亭子中做爱，接着又散了会儿步、聊了会儿天，最后来到城堡中的一间密室，继续做爱。骑士在迷宫般的走廊中找不到自己的房间，索性回到花园。夫人的情人，也就是那位侯爵意外地出现在他面前。侯爵得意扬扬地向他讲明了这次神秘邀请的真实原因：夫人需要一道屏障来掩护她和侯爵的私情。一夜风流之后，骑士筋疲力尽，缓缓登上侯爵为他预备的马车，向巴黎驶去。

《没有明天》中的故事很有可能就发生在这座城堡饭店中。一样的花园，一样的亭子，一样的回廊，只是少了些宁静，多了些喧哗。饭店中还住着几位法国新闻人物和一批正在那里开会的昆虫学家，其中一个名叫文森特的法国青年引起了昆德拉的特别注意。

最后，十八世纪的骑士与二十世纪的文森特在城堡门前相遇。骑士刚刚度过了一个美妙的夜晚。他才不在乎侯爵的嘲笑哩。关键是那个夜晚本身，文森特也刚与饭店的一位姑娘有过一段过于仓促的风流韵事，感觉极糟。但他却虚伪地声称自己度过了一段妙不可言的时光。

昆德拉无比活跃的想象力搅扰了维拉的睡梦，维拉惊呼："这座城堡在闹鬼哩！"

《缓慢》出版后，读者争相购阅，因为这是大作家昆德拉的新作。然而，与往常不同的是，喝彩声迟迟没有响起。

在这本薄薄的作品中，昆德拉的幽默语调依然，反讽色彩依然，性爱场面依然，倘若仅仅作为一本茶余饭后的消遣读物，简直无可挑剔。但对于昆德拉，读者显然期望更高。他作品的精致呢？他所特有的小说魅力呢？他那自然流露出的深邃和机智呢？他笔下那些表面轻松、内心沉重的人物呢？《缓慢》中，所有这些都难以读到。

昆德拉一向讲究作品的结构。他在自己的小说中或采用音乐中的复调形式，或借鉴建筑中的对称方法，或发挥其他艺术手段，使得作品结构自由但不失严谨。简洁但不乏变化。在此方面，《笑忘录》《生活在别处》《不朽》《告别圆舞曲》主要采用了电影手法，就像一部分镜头剧本，不用怎么改编就可以搬上银幕。而《难以承受的存在之轻》简直就像部四重奏，让人感觉到音乐对昆德拉创作的启发和影响。可是《缓慢》却松散、随意，像一幅幅临时拼凑起来的图案。小说中有好几章写一位捷克昆虫学家在研讨会上的窘况，显得多余。因为我们实在看不出这几章同整部作品的内在关联。作者无非想借此表现一下自己的幽默才华。但一旦与主题脱节，这种表现便成为一种炫耀了。

在以往的小说中，昆德拉的幽默往往闪烁着睿智的光芒。但在《缓慢》中，有许多处，尤其是描写文森特与饭店女孩寻欢作乐的段落中，作者的幽默过于牵强、肤浅，有时甚至庸俗不堪，超出了幽默的界限。昆德拉一向十分注重任何事物的界限。他曾给界限下过这样的定义："只需小小的一步，极小极小的一步，一个人就能越过边界，在那一边一切便失去了意义：爱情、信念、信仰、历史、人类生活——其秘密就在于此——与那道边界靠得极近，甚至直接碰到了它，因为并不是几里之遥，而只是一寸之隔。"那么，文学创作的秘密是否也在于此呢？

昆德拉先前的每部小说中都有几个饱满立体的人物，构成作品的灵魂。《玩笑》中的卢德维克和露茜，《生活在别处》中的雅罗米尔，《难以承受的存在之轻》中的托马斯和特蕾莎。这些人物命运的充分发展又自然而然地反映了作者许多形而上的思索。《玩笑》中的卢德维克仅仅因为在明信片上开了个小小的玩笑，便大祸临头，而这种灾祸在外界看来十分荒唐可笑。他的悲剧在于玩笑的罗网剥夺了他拥有悲剧的权利。《生活在别处》中的雅罗米尔恰恰在青春的抒情中迷失了自我。《难以承受的存在之轻》中的托马斯无奈地意识到，轻比重，更加难以承受。而《缓慢》中却没有一个这样的人物。无论是骑士还是文森特似乎都只停留于表面，没有得到进一步的刻画。他们的内心活动，他们的个性，他们的思维方式，读者均无从知晓。

作者的创作意图实际上很明显。他试图在表面松散、随意甚至有些轻浮的叙述背后进行一些深层次的思索：缓慢与记忆，速度与忘却之间的秘密契约。同时他还想对那些一味追逐虚名的所谓风云人物进行一点喜剧式的嘲讽。遗憾的是，由于艺术上的苍白，这一创作意图没有充分实现。小说中有许多地方，作者不得不亲自出面，不厌其详地向读者阐述自己的思想，留下了生硬图解的痕迹。

昆德拉毕竟聪明。首次用法文写小说，他肯定没有十分的把握。于是，他借用妻子维拉的口说：

"你常说有朝一日要写部一句正经话儿也没有的小说，一部纯粹为了自娱自乐的废话大作。我担心这一天到来了。我想警告你：留点神儿！"

维拉紧接着又引用昆德拉母亲的话说："米兰库，别再开玩笑了。没有人会理解你，你会得罪所有人的。到头来人人都会恨你。"

这是小说中最妙的一笔。严格说来，这是昆德拉从波兰作家贡布罗维奇那里学来的一招。贡布罗维奇在代表作《费尔迪杜凯》的最后写道："全书到此结束，扔出一枚炸弹。谁若去读它，谁就大大受骗！"昆德拉学得还是相当到位的。昆德拉式的幽默和机智在这一笔中也表现得淋漓尽致。通过这一笔，昆德拉既为自己的全部小说创作做了一个形象的总结，又为小说《缓慢》铺好了一个台阶。既然是玩笑之作，又何必当真呢？

但聪明的昆德拉忘记了自己也曾引用过的一句名言：书籍自有书籍的命运。倘若真是为了自娱自乐，理当锁在自己的抽屉里。一旦公之于众，就得听凭读者的审视了。况且，读者并不希望《缓慢》是昆德拉创作渐趋枯萎的先兆。但愿《缓慢》仅仅是昆德拉法语写作的最初练习。

《缓慢》出版后没过多久，昆德拉又于一九九六年年底推出了长篇小说《身份》，在法语写作之路上继续前行。看来，他真的要告别母语了。一个四十五岁才移居法国的捷克人，一位一直流畅地用母语进行创作并获得巨大成功的小说家，忽然在年近古稀之年改用另一种语言写作，着实让人感到意外和惊讶。有位当记者的同胞以不解的口吻询问："这是否意味着捷克文已经失去了您？"昆德拉回答："没有人能够在两个国家、两种文化中充分地生活。虽然我同妻子只说捷克语，但是处于法国书籍的包围之中，我必须对法语世界、法国词句做出反应，我必须对写作的语言有所抉择。"

与《缓慢》不同，《身份》的语调真诚，氛围严肃，在此基础上的细腻、精致、流畅，似乎更能吸引读者的内心。小说开头部分，让 – 马克在海滩上认出了他的情人尚塔尔。她正在观看海潮、帆船和云朵。待他完全走近时，才发现，那不是尚塔尔，而是一个又老又丑的女人。这个细节一下子奠定了小说的主题：身份的易变和爱情的脆弱。

让 – 马克感觉尚塔尔很忧伤，仿佛变了个人。他问她到底发生了什么事。她的回答出人意料："男人们不再回头看我了。"故事的伏笔已经埋下了。

尚塔尔忽然收到匿名信，信上只有一句话："我跟踪着您，像一个间谍。您非常美丽，非常非常美丽。"她感觉很不舒服。有人在干扰她的生活。经过一番调查和观察，她发觉信竟然是让 – 马克写的。其实，他是为了让她开心才这么做的。他想以此方式传递给她一个信息：依然有男人在注意她。但她难以理解，一气之下跑到伦敦，加入了一场可怕的性交聚会。

这一切是梦吗？如果是梦的话，那么又是从哪一刻开始的呢？谁也不知道。

温馨的结局：灯光下，尚塔尔望着让 – 马克，轻轻说道："我的目光再也不放开你。我要不停地看着你。"她怕眼睛眨动的刹那，一条蛇、一只老鼠，或另一个人，会占领他的位置。因此，她要让灯光每夜都亮着。

一个简单的爱情故事。一场忧伤的内心漫游。《身份》仿佛让我们看到了另一个昆德拉，一个返璞归真的昆德拉，一个写《搭车游戏》时的昆德拉。小说也确实有点像是《搭车游戏》的变奏，但显然已是一种更加饱满、更加丰富、更加深刻的变奏。他的姿态异常谦卑和朴素：没有太大的野心，没有任何花招，没有太多的枝蔓，只是一心一意地讲好一个故事，面对一个基本主题和两个主要人物。

这是个相对完整的故事，又是个相对单纯的故事，没有任何政治色彩，也没有太多的离题思索，一切都紧紧围绕尚塔尔和让–马克这两个人物，紧紧围绕爱情这一基本主题。摆脱了意识形态，书中的爱情也显得更加纯净，更加真挚，绝不像昆德拉向来擅长描述的那类"可笑的爱"。它甚至成为已有一定阅历的男女主人公的归宿。这在昆德拉的小说中是很难得的。

即便在《缓慢》这部法国背景的小说中，昆德拉也禁不住写到了一个捷克昆虫学家，让读者联想到了他的根源。可《身份》却没有一丝一毫的捷克痕迹，完完全全是一部法国小说。借助小说《身份》，昆德拉似乎也表明了他的新身份：他已然成为一名法国作家。

以往作品中"絮叨"的昆德拉在这部小说中极为节制，几乎没有露面，仅仅在最后的关键时刻亮了亮相，而且是带着只有他才能完成的使命。小说的语言和结构也十分简洁、透明，同昆德拉先前的一些"宏大作品"形成鲜明的反差。作者甚至还引进了一些侦探小说的元素，让故事变得更有悬念、更加好看。在作品的最后，梦与现实的界限被彻底打破。一缕虚幻和神秘气息也因此弥漫。过度的性爱场景也就合情合理。因为，它极有可能只是梦的一部分。而梦是没有限制的。这是卡夫卡给昆德拉的启示。梦也许就是现实，现实也许就是梦，谁能分得清呢？

《不朽》中高谈阔论的昆德拉不见了。《缓慢》中肆意玩笑的昆德拉也不见了。《身份》中的昆德拉就连说话的声音都很轻，内心充满了忧郁和诗意。或许这才是骨子里的昆德拉哩！

然而，法国不少读者并不喜欢昆德拉用法语写出的小说。一些人说它们空洞无物；另一些人说读者在习惯了《玩笑》《难以承受的存在之轻》等以捷克生活为背景、以捷克人为主人公的小说之后，再来读《缓慢》和《身份》这样的作品时，就有一种如尝鸡肋的感觉，就会觉得昆德拉"盛名之下，其实难副"。还有一些人说他不能很好地把握法国生活的题材，而且法语也不怎么地道。昆德拉有些反感，也有点伤心，他觉得法国人实在太挑剔了。在《缓慢》和《身份》遭到冷遇后，他决定要给法国人一点颜色看看。二〇〇〇年，当他用法语写完小说《无知》后，没有马上在法国出版，而是让人译成西班牙文首先在西班牙出版。待到它在世界各地引起一定的反响，转了一圈后，才于二〇〇一年同法国读者见面。[①]

法国书评界的意见实际上还是起到一定作用的。昆德拉在《无知》中又回到了他熟悉的捷克人和捷克题材。

尤利西斯踏上征程，一去就是十年。特洛伊战争结束后，他归心似箭，渴望早日回到故乡伊塔克。但诸神的阴谋耽搁了他的归程。在遭遇了种种神奇的历险后，他成为女神卡吕普索的人质和情人。女神爱上了他，不让他离开小岛。

尤利西斯恳求道："我每天都在许一个愿，想回到自己的家园。"

他精疲力竭，坠入睡眠。醒来时，他看见了儿时熟悉的锚地，看见了眼前矗立的大山和那棵古老的橄榄树。他终于到家了……

这段著名的故事拉开了《无知》的序幕，同时也确定了小说的基本主题：回归。

祖国发生了根本性的变化，在布拉格和巴黎之间已无任何障碍。一股无形的回归的力量压迫着伊莱娜。她不再抗拒，脑海中闪现出故乡的种种景色。她和已故的丈夫是迫不得已才来到法国的，尝尽了流亡之苦。当时，根本没有想到还有重返祖国的这一天。

回到布拉格，她发现人们其实并不在乎她的存在，甚至

---

① 余中先：《在巴黎会见昆德拉》，载《是禁果，才诱人》，湖北人民出版社，2005年版。

都不愿听她讲讲二十年的流亡生活。她明白了，她必须亲手点上一把火，烧毁国外生活的一切，才能重新被自己的同胞接受。这个代价实在太大了。悲哀和失望涌上她的心头。

在巴黎机场，伊莱娜遇到了约瑟夫。她是许多年前在捷克生活时认识他的。约瑟夫从捷克移居到了丹麦。或许他能把她和祖国连接起来。和伊莱娜一样，约瑟夫发现，他同故乡的亲人和朋友已难以沟通，这里的一切已不属于他。在捷克待了几天后，他即将返回丹麦。

伊莱娜怀着兴奋的心情到旅馆去和约瑟夫见面。他们很快便开始做爱了。在最后一刻，她意识到，他早已忘记了她，也就是说他是把她当作一个主动送上门来的陌生女人对待的。在他眼里，她就等于一个娼妓。她哭了起来。

昆德拉用法语写的几部小说篇幅都不太长，故事都很简短，主题也相对集中。这也许是他面对新的写作语言采取的新的写作姿态。小说家有两类。一类从细节走向整体；另一类从整体走向细节。昆德拉说他属于第二类。正因如此，我们在读昆德拉时，总会觉出浓重的设计、布局甚至填充的痕迹。《无知》就是这样，一开始就亮出主题，然后再用一个个细节或一段段议论来加以说明。回归，希腊史诗《奥德赛》的一大主题，在昆德拉的笔下被彻底地颠覆了一下。尤利西斯是将回归进行到底的，他的回归带有感人的悲壮色彩。可《无知》的两个主人公却深深感到了回归的尴尬，因而也就开始怀疑回归，直至最后拒绝回归。生命有限，过去的永远过去了。有限的还有记忆，它实在难以将过去和现在重新连接。昆德拉写道：

> 人们不断地批评那些歪曲、重写、伪造自己的过去，或是扩大某一事件的重要性而不提另一事件的人；这样的批评是公正的（它们不可能不公正），但如在此之前不做一项更基本的批评，也就是对人的记忆本身的批评，它们就不具备重要性，因为人的记忆，可怜的记忆，真的能做些什么呢？它只能留住过去可怜的一小部分，没人知道为什么留住的恰恰是这一部分，而不是另一部分，这一选择，在我们每个人身上，都在神秘地进行，超越我们的意志和我们的兴趣。我们将无法理解人的生命，如果我们竭力排除下面这一最为明显的道理：事实存在时的原来模样已不复存在；它的还原是不可能的。[①]

昆德拉其实是在写自己。他要诉诉自己的苦衷。他要为自己辩解。回归，也是他生命中的一件大事。尤其在捷克"天鹅绒革命"之后。但他早就考虑好了这一问题："即使情

---

① 米兰·昆德拉：《无知》，许钧译，上海译文出版社，2004年版。

况允许，我也永远不想回去了。一生中移居国外一次已经够了。我是从布拉格作为移民来到巴黎的。我永远不会有精力再从巴黎移居到布拉格。"

让我们将目光对准这样一个镜头：昆德拉常常从巴黎公寓的窗子探出头去，看看夫人维拉是否从街上回来了。

巴黎已是他的家。法国已是他心目中的祖国。

我们不妨用墨西哥诗人奥克塔维奥·帕斯献给米兰·昆德拉的诗《在走和留之间》来结束此书：

在走和留之间，日子摇曳，
沉入透明的爱。

此刻，环形的下午是片海湾
世界在静止中摆动。

一切都清晰可见，一切都难以捕捉，
一切都近在眼前，一切都无法触摸。

纸，书，笔，玻璃杯，
在自己名字的阴影里栖息。

时间在我的庙宇震颤，重复着

永恒不变的血的音节。
光将冷漠的墙
变成幽灵般的反光剧场。

我发觉自己处于眼睛的中央，
用茫然的凝视望着自己。

瞬间在弥漫。一动不动，
我留，我走：我是一个停顿。

附录:

主要参考书目

1. The Joke, Milan Kundera, translated from the Czech by PeterKussi, New York:Harper&Row, 1982.

2. Laughable Loves, Milan Kundera, translated from the Czech by Suzanne Rappaport, London:JohnMurray, 1974.

3. Jacques and His Master, Milan Kundera, translated from the Czech by Michael Henry Heim, New York:Harper&Row, 1984.

4. The Art of the Novel, Milan Kundera, translated from the French by Linda Asher, New York:GrovePress, 1988.

5. The Unbearable Lightness of Being, Milan Kundera, translated from the Czech by Michael Henry Heim, London and Boston: Faber and Faber,1988.

6. Immortality, Milan Kundera, translated from the Czech by

Peter Kussi, New York: Harper Perennial,1992.

7. Slowness, Milan Kundera, translated from the French by Linda Asher, New York: Harper Collins Publishers,1995.

8. Milan Kundera:A Voice from Central Europe,Robert Poter, Aarhus,Denmark: Arkona Publishers,1981.

9. Milan Kundera and the Art of Fiction, edited by Aron Aji,New York and London: Garland Publishing,INC, 1992.

10. Understanding Milan Kundera, Fred Misurella, University of South Carolina Press,1993.

11. 米兰·昆德拉:《生活在别处》,景凯旋、景黎明译,作家出版社,1991 年版。

12. 米兰·昆德拉:《为了告别的聚会》,景凯旋、徐乃建译,作家出版社,1989 年版。

13. 米兰·昆德拉:《笑忘录》,莫雅平译,中国社会科学出版社,1992 年版。

14. 米兰·昆德拉:《不朽》,宁敏译,作家出版社,1991 年版。

15. 米兰·昆德拉:《被背叛的遗嘱》,余中先译,上海译文出版社,2003 年版。

16. 米兰·昆德拉:《身份》,董强译,上海译文出版社,2003 年版。

17. 米兰·昆德拉:《无知》,许钧译,上海译文出版社,2004 年版。

18. 瓦茨拉夫·哈维尔:《哈维尔自传》，李义庚、周荔红译，东方出版社，1992 年版。

19. 伊凡·克里玛:《布拉格精神》，崔卫平译，作家出版社，1998 年版。

20.《对话的灵光》，李凤亮、李艳编，中国友谊出版公司，1999 年版。

21.《欲望玫瑰》，高兴、刘恪译著，书海出版社，2002 年版。

昆德拉年谱

1929 年　4 月 1 日出生于捷克斯洛伐克布尔诺市。

1939 年　开始师从保罗·哈斯和瓦兹拉夫·卡普拉尔学习作曲。

1947 年　加入捷克共产党。

1948 年　进入布拉格查理大学学习音乐，同时在布拉格电影学院听课。

1949 年　第一次发表诗歌。

1950 年　因"反党言论"和"个人主义倾向"被开除党籍并离开查理大学。

1952 年　在布拉格电影学院毕业后留校当老师，教授世界文学课程。

1953 年　出版第一部诗集《人，一座广阔的花园》。

1955 年　出版第二部诗集《最后的五月》。

1956 年　自动恢复捷共党籍。

1957 年　出版第三部诗集《独白》。

1959 年　发表第一篇短篇小说《我，悲哀的上帝》，从此开始小说创作生涯。

1960 年　出版关于捷克作家弗拉迪斯拉夫·万丘拉的专著《小说的艺术》。

1962 年　剧作《钥匙的主人们》在布拉格民族剧院上演。

1963 年　出版《可笑的爱：忧伤逸事三则》。

1965 年　出版《可笑的爱》第二册。

1967 年　出版第一部长篇小说《玩笑》，引起轰动。6月 27—29 日，捷克斯洛伐克第四次作家代表大会在布拉格召开。昆德拉在会上发表题为《论民族的非理所当然性》，成为"布拉格之春"的急先锋。

1968 年　杜布切克成为捷共第一书记，"布拉格之春"开始。昆德拉出版《可笑的爱》第三册。《玩笑》获得捷克斯洛伐克作家协会奖。8月，苏联入侵捷克斯洛伐克，杜布切克被逮捕。《玩笑》法文版在巴黎出版。

1969 年　杜布切克下台。昆德拉完成长篇小说《生活在别处》，但无法出版。

1970 年　失去在电影学院的教职，作品遭到禁止。

1971 年　写出剧本《雅克和他的主人》和长篇小说《告别圆舞曲》。

1973 年　《生活在别处》在巴黎出版并获得法国美第契

奖外国作品奖。

1974 年 《生活在别处》在美国出版。

1975 年 移居法国，在雷恩大学任教。

1976 年 《告别圆舞曲》在法国和美国出版。访问马提尼克岛，会晤了加勒比海诗人艾梅·塞泽尔。

1978 年 《告别圆舞曲》获得意大利蒙泰洛文学奖。

1979 年 《笑忘录》在巴黎出版。同年，昆德拉被剥夺捷克斯洛伐克公民权。

1981 年 获得法国国籍。

1982 年 完成长篇小说《难以承受的存在之轻》。

1983 年 访问美国，获得密执安大学荣誉博士学位。

1984 年 《难以承受的存在之轻》在法国和美国出版。

1985 年 开始校订自己作品的各种译本。

1986 年 将自己的随笔、演讲和访谈结集成册，取名《小说的艺术》，作为对往昔的纪念。

1988 年 完成长篇小说《不朽》。

1989 年 捷克斯洛伐克发生"天鹅绒革命"，剧作家瓦茨拉夫·哈维尔当选为总统。

1990 年 《不朽》在法国出版。昆德拉在马提尼克和海地生活，研究加勒比海地区法语文化。

1991 年 《不朽》在美国出版。捷克斯洛伐克国内开始出版他的小说。

1993 年 随笔集《被背叛的遗嘱》在法国出版。

1994 年　告别母语，开始用法语创作小说。

1995 年　第一部用法语写出的长篇小说《缓慢》在法国出版。同年，获得捷克政府颁发的捷克国家功勋奖。

1996 年　长篇小说《身份》在法国出版。

2000 年　长篇小说《无知》在西班牙出版。

2013 年　长篇小说《庆祝无意义》在意大利初版。此时作者 84 岁高龄。2014 年法文版出版后，正式在世界各地出版。